1 above

An airplane is flying above our head.

2 across

across the river

3 afraid

I'm afraid of dogs.

4 agree

I agree with you.

5 almost

Almost all people agree with the idea.

6 already

I have already eaten lunch.

7 appear

The woman appeared suddenly.

8 article

an interes〔...〕

9 because

I can't go because I have a cold.

10 begin

begin the show

11 believe

I can't believe it.

1 bel〔...〕

below sec〔...〕

13 beside

a desk beside the bed

14 break

have a break

15 bridge

a long bridge

16 bright

bright light

17 building

a tall building

18 care

take care of young children

JN096368

1 OK!

~の上に[へ]

飛行機が私たちの頭上を飛んでいます。

2 OK!

~を横切って、~の向こう側に

川を横切って

3 OK!

恐れて、怖がって

私は犬が怖いです。

4 OK!

同意する、賛成する

私はあなたに賛成です。

5 OK!

ほとんど、たいてい

ほとんど全員がその考えに賛成です。

6 OK!

すでに、もう

私はすでに昼食を食べました。

7 OK!

現れる

その女性は突然現れました。

8 OK!

記事

興味深い記事

9 OK!

(なぜなら)~だから

私は風邪をひいているので行けません。

10 OK!

~を始める

ショーを始める

begin - began - begun

11 OK!

~を信じる

信じられません。

12 OK!

~より下に

海水面より下に

13 OK!

~のそばに[の]

ベッドのそばの机

14 OK!

休憩

休憩をとる

15 OK!

橋

長い橋

16 OK!

明るい

明るい光

brighter - brightest

17 OK!

建物

高い建物

18 OK!

注意、世話、心配

幼い子どもたちの世話をする

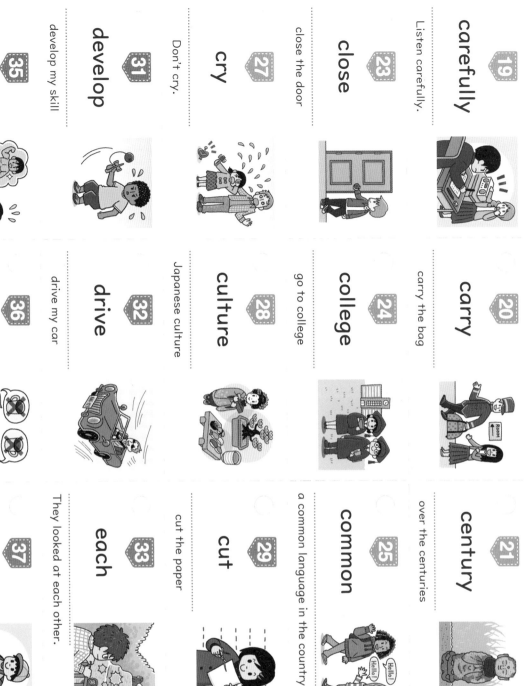

19 carefully — Listen carefully.

20 carry — carry the bag

21 century — over the centuries

22 character — main characters of the movie

23 close — close the door

24 college — go to college

25 common — a common language in the country

26 company — a big company

27 cry — Don't cry.

28 culture — Japanese culture

29 cut — cut the paper

30 daughter — Mr. White has a daughter.

31 develop — develop my skill

32 drive — drive my car

33 each — They looked at each other.

34 earth — the earth

35 effort — make an effort

36 either — I don't like coffee, either.

37 elementary school — an elementary school student

38 else — Anything else?

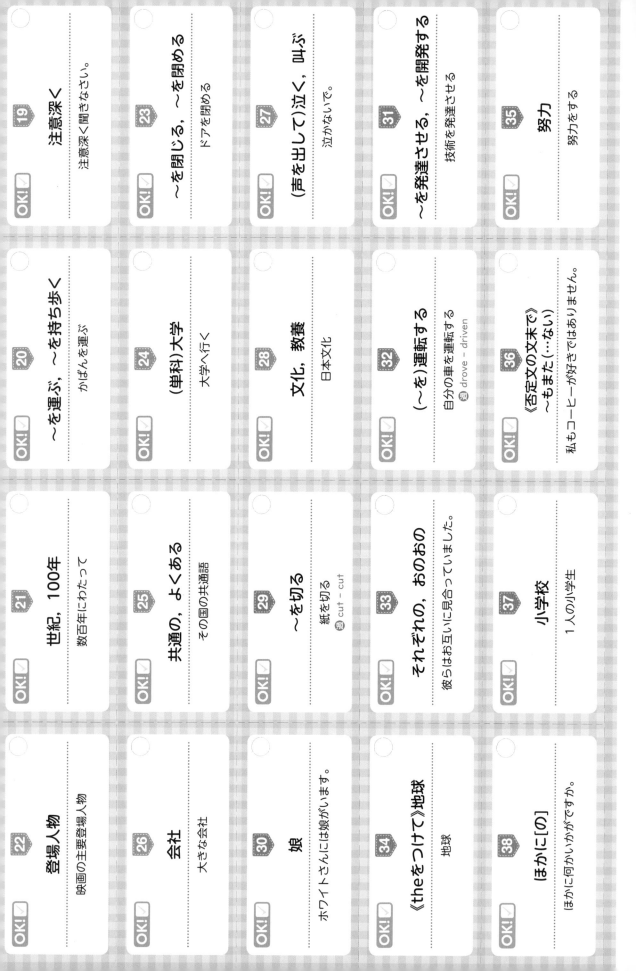

19 注意深く
注意深く聞きなさい。

20 ～を運ぶ、～を持ち歩く
かばんを運ぶ

21 世紀、100年
数百年にわたって

22 登場人物
映画の主要登場人物

23 ～を閉じる、～を閉める
ドアを閉める

24 (単科)大学
大学へ行く

25 共通の、よくある
その国の共通語

26 会社
大きな会社

27 (声を出して)泣く、叫ぶ
泣かないで。

28 文化、教養
日本文化

29 ～を切る
紙を切る cut - cut

30 娘
ホワイトさんには娘がいます。

31 ～を発達させる、～を開発する
技術を発達させる

32 (～を)運転する
自分の車を運転する drove - driven

33 それぞれの、おのおのの
彼らはお互いに見合っていました。

34 《theをつけて》地球
地球

35 努力
努力をする

36 《否定文の文末で》～もまた(…ない)
私もコーヒーが好きではありません。

37 小学校
1人の小学生

38 [ほかに[の]
ほかに何かいかがですか。

39 e-mail
write an e-mail

40 encourage
encourage her to try

41 end
at the end of the year

42 enough
enough food to share

43 ever
Have you ever eaten natto?

44 everywhere
There are flowers everywhere on the hill.

45 expensive
an expensive bag

46 explain
explain the story

47 fact
a surprising fact

48 feeling
understand her feelings

49 fight
fight hard

50 finally
We finally arrived at the house.

51 find
find the key

52 finish
finish my homework

53 gift
a special gift

54 ground
draw a picture on the ground

55 grow
grow up

56 health
good for your health

57 heavy
a heavy stone

58 hold
hold large balls

中学教科書ワーク　英語3年　カード③

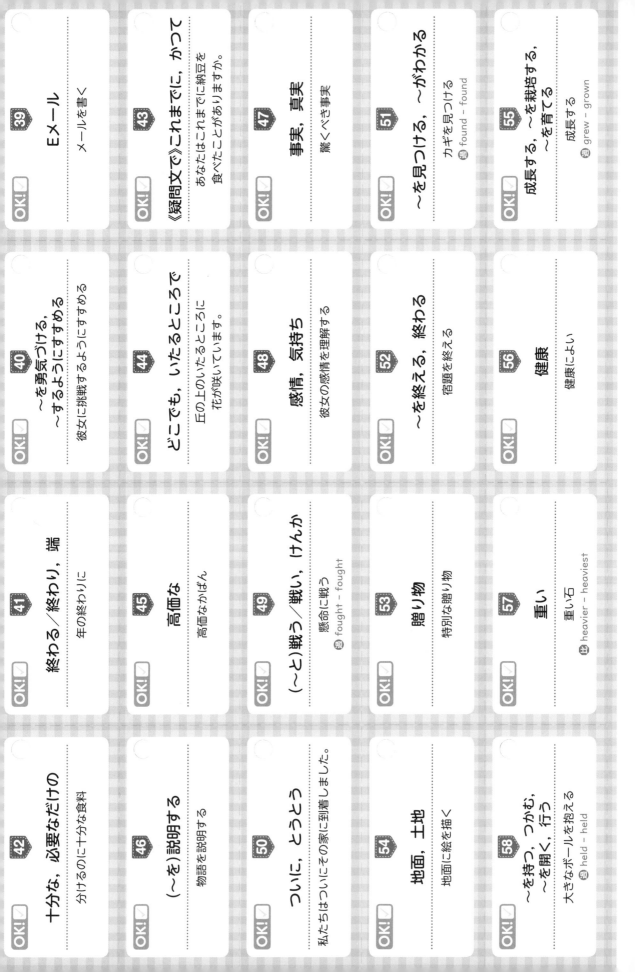

39 OK!
Eメール
メールを書く

40 OK!
～を勇気づける、～するようにすすめる
彼女に挑戦するようにすすめる

41 OK!
終わる／終わり、端
年の終わりに

42 OK!
十分な、必要なだけの
分けるのに十分な食料

43 OK!
《疑問文で》これまでに、かつて
あなたはこれまでに納豆を食べたことがありますか。

44 OK!
どこでも、いたるところで
丘の上のいたるところに花が咲いています。

45 OK!
高価な
高価なかばん

46 OK!
（～を）説明する
物語を説明する

47 OK!
事実、真実
驚くべき事実

48 OK!
感情、気持ち
彼女の感情を理解する

49 OK!
（～と）戦う／戦い、けんか
懸命に戦う
過 fought - fought

50 OK!
ついに、とうとう
私たちはついにその家に到着しました。

51 OK!
～を見つける、～がわかる
カギを見つける
過 found - found

52 OK!
～を終える、終わる
宿題を終える

53 OK!
贈り物
特別な贈り物

54 OK!
地面、土地
地面に絵を描く

55 OK!
成長する、～を栽培する、～を育てる
成長する
過 grew - grown

56 OK!
健康
健康によい

57 OK!
重い
比 heavier - heaviest

58 OK!
～を持つ、つかむ、～を開く、行う
大きなボールを抱える
過 held - held

59	hole
a hole in the sock

60	human
the human body

61	hurt
hurt my leg

62	husband
He is Meg's husband.

63	imagine
imagine the future

64	improve
improve English skills

65	increase
The number of travelers is increasing.

66	international
an international school

67	Internet
on the Internet

68	interview
interview an actor

69	into
go into the woods

70	introduce
introduce myself

71	invite
invite her to the party

72	judge
a judge in the tennis match

73	keep
keep a promise

74	land
private land

75	large
a large park

76	law
study the law

77	lead
lead the children

78	light
a light suitcase

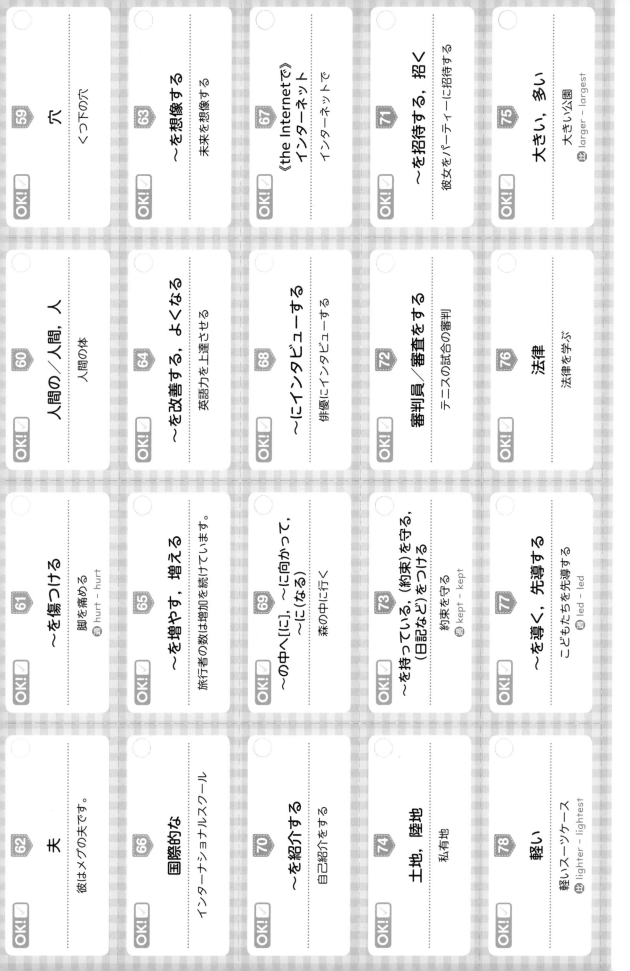

OK! 59	OK! 63	OK! 67	OK! 71	OK! 75
穴	～を想像する	《the Internet で》インターネット	～を招待する、招く	大きい、多い
くつ下の穴	未来を想像する	インターネットで	彼女をパーティーに招待する	大きい公園 larger – largest

OK! 60	OK! 64	OK! 68	OK! 72	OK! 76
人間の／人間、人	～を改善する、よくなる	～にインタビューする	審判員／審査をする	法律
人間の体	英語力を上達させる	俳優にインタビューする	テニスの試合の審判	法律を学ぶ

OK! 61	OK! 65	OK! 69	OK! 73	OK! 77
～を傷つける	～を増やす、増える	～の中へ[に]、～に向かって、～に(なる)	～を持っている、(約束)を守る、(日記など)をつける	～を導く、先導する
脚を痛める hurt – hurt	旅行者の数は増加を続けています。	森の中に行く	約束を守る kept – kept	こどもたちを先導する led – led

OK! 62	OK! 66	OK! 70	OK! 74	OK! 78
夫	国際的な	～を紹介する	土地、陸地	軽い
彼はメグの夫です。	インターナショナルスクール	自己紹介をする	私有地	軽いスーツケース lighter – lightest

79 line
Students are standing in a line.

80 lucky
He is lucky.

81 match
a badminton match

82 memory
a happy memory

83 moment
Just a moment.

84 money
I have no money.

85 move
move the chair

86 natural
natural resources

87 near
a clock near the door

88 necessary
necessary things

89 neighbor
my neighbor

90 never
I have never been to Italy.

91 news
good news

92 note
a note for shopping

93 once
I once lived in Okinawa.

94 opinion
in my opinion

95 own
my own bag

96 past
in the past

97 pay
pay 100 yen

98 peace
hope for peace

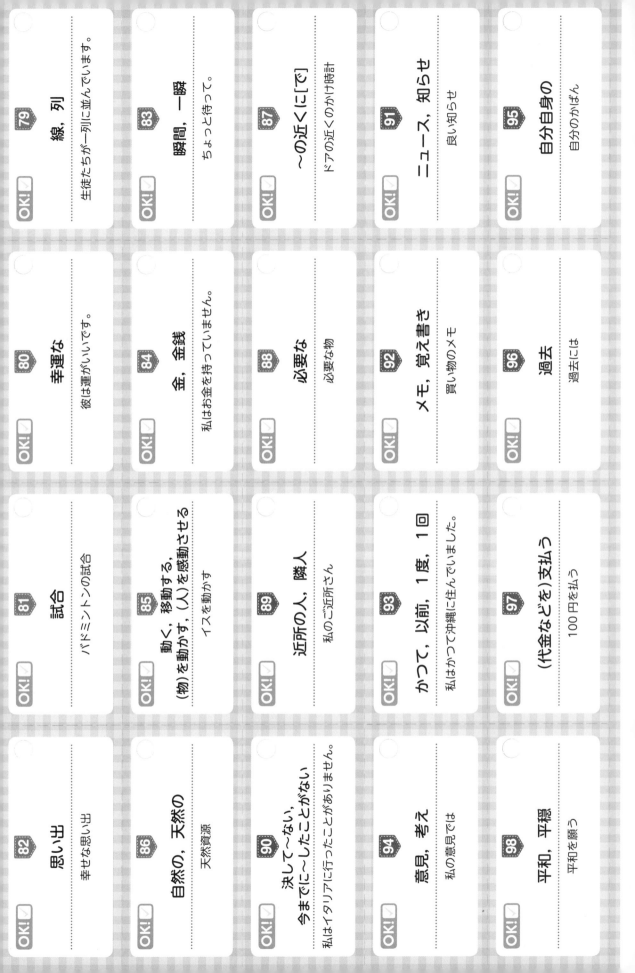

OK! 79	線、列
生徒たちが一列に並んでいます。

OK! 80	幸運な
彼は運がいいです。

OK! 81	試合
バドミントンの試合

OK! 82	思い出
幸せな思い出

OK! 83	瞬間、一瞬
ちょっと待って。

OK! 84	金、金銭
私はお金を持っていません。

OK! 85	動く、移動する、(物)を動かす、(人)を感動させる
イスを動かす

OK! 86	自然の、天然の
天然資源

OK! 87	～の近くに[で]
ドアの近くのかけ時計

OK! 88	必要な
必要な物

OK! 89	近所の人、隣人
私のご近所さん

OK! 90	決して～ない、今まで～したことがない
私はイタリアに行ったことがありません。

OK! 91	ニュース、知らせ
良い知らせ

OK! 92	メモ、覚え書き
買い物のメモ

OK! 93	かつて、以前、1度、1回
私はかつて沖縄に住んでいました。

OK! 94	意見、考え
私の意見では

OK! 95	自分自身の
自分のかばん

OK! 96	過去
過去には

OK! 97	(代金などを)支払う
100円を払う

OK! 98	平和、平穏
平和を願う

99 period — the Edo period

100 person — a kind person

101 plan — plan to visit Kyoto

102 pleasure — Thank you for inviting me. — My pleasure.

103 price — a low price

104 produce — produce a new product

105 quarter — one quarter of a cake

106 rain — heavy rain

107 reach — reach the top of the mountain

108 ready — I'm ready to go.

109 real — This is not a real jewel.

110 realize — realize the situation

111 reason — explain the reason

112 receive — receive a letter

113 report — read a report

114 research — a research on American history

115 result — have good results

116 return — return a book

117 road — cross the road

118 row — sit in the second row

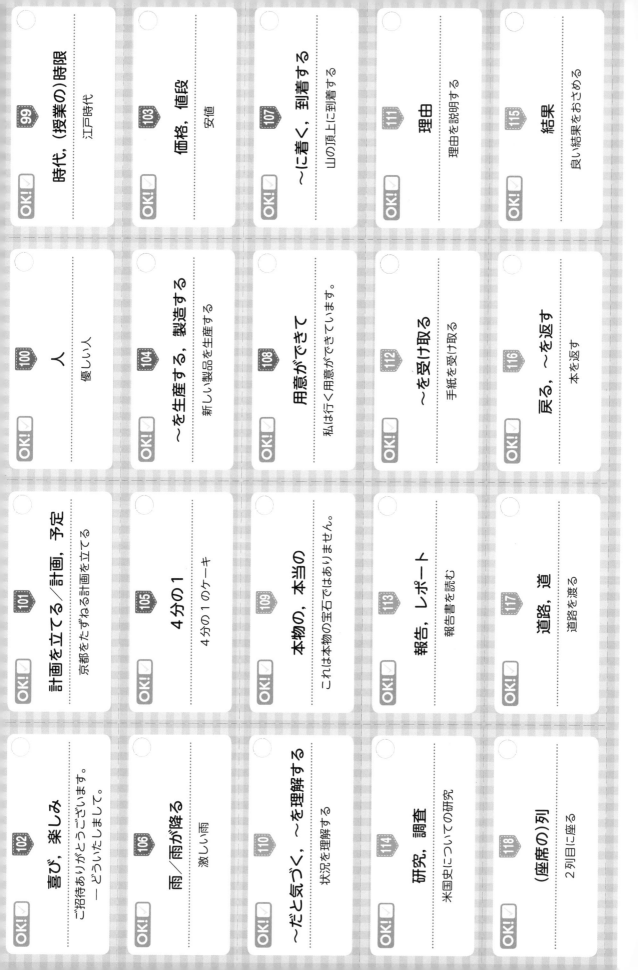

99 OK! 時代、(授業の)時限
江戸時代

100 OK! 人
優しい人

101 OK! 計画を立てる/計画、予定
京都をたずねる計画を立てる

102 OK! 喜び、楽しみ
ご招待ありがとうございます。
—どういたしまして。

103 OK! 価格、値段
安値

104 OK! ～を生産する、製造する
新しい製品を生産する

105 OK! 4分の1
4分の1のケーキ

106 OK! 雨／雨が降る
激しい雨

107 OK! ～に着く、到着する
山の頂上に到着する

108 OK! 用意ができて
私は行く用意ができています。

109 OK! 本物の、本当の
これは本物の宝ではありません。

110 OK! ～だと気づく、～を理解する
状況を理解する

111 OK! 理由
理由を説明する

112 OK! ～を受け取る
手紙を受け取る

113 OK! 報告、レポート
報告書を読む

114 OK! 研究、調査
米国史についての研究

115 OK! 結果
良い結果をおさめる

116 OK! 戻る、～を返す
本を返す

117 OK! 道路、道
道路を渡る

118 OK! (座席の)列
2列目に座る

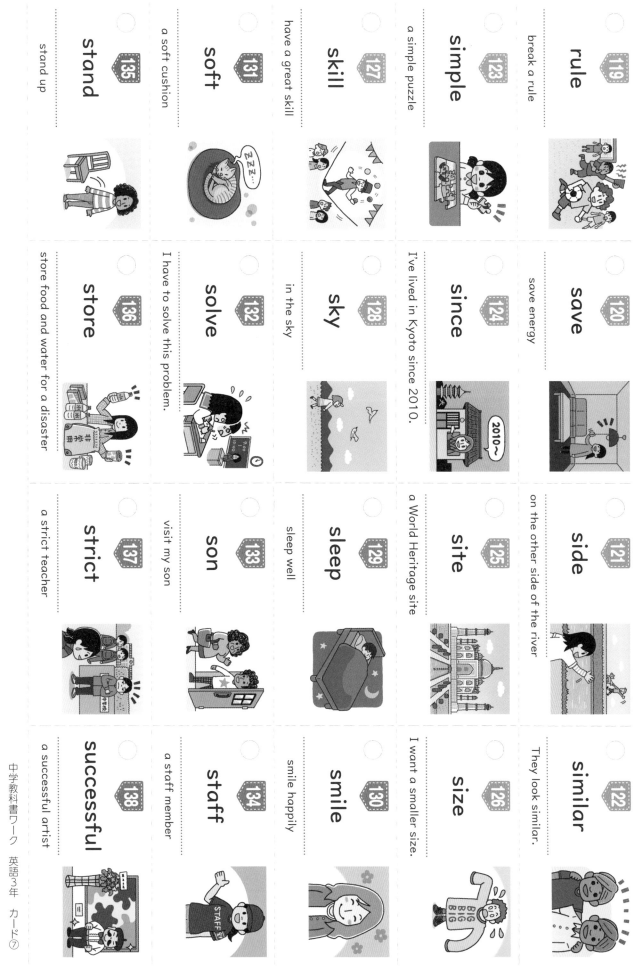

119	rule	break a rule
120	save	save energy
121	side	on the other side of the river
122	similar	They look similar.
123	simple	a simple puzzle
124	since	I've lived in Kyoto since 2010.
125	site	a World Heritage site
126	size	I want a smaller size.
127	skill	have a great skill
128	sky	in the sky
129	sleep	sleep well
130	smile	smile happily
131	soft	a soft cushion
132	solve	I have to solve this problem.
133	son	visit my son
134	staff	a staff member
135	stand	stand up
136	store	store food and water for a disaster
137	strict	a strict teacher
138	successful	a successful artist

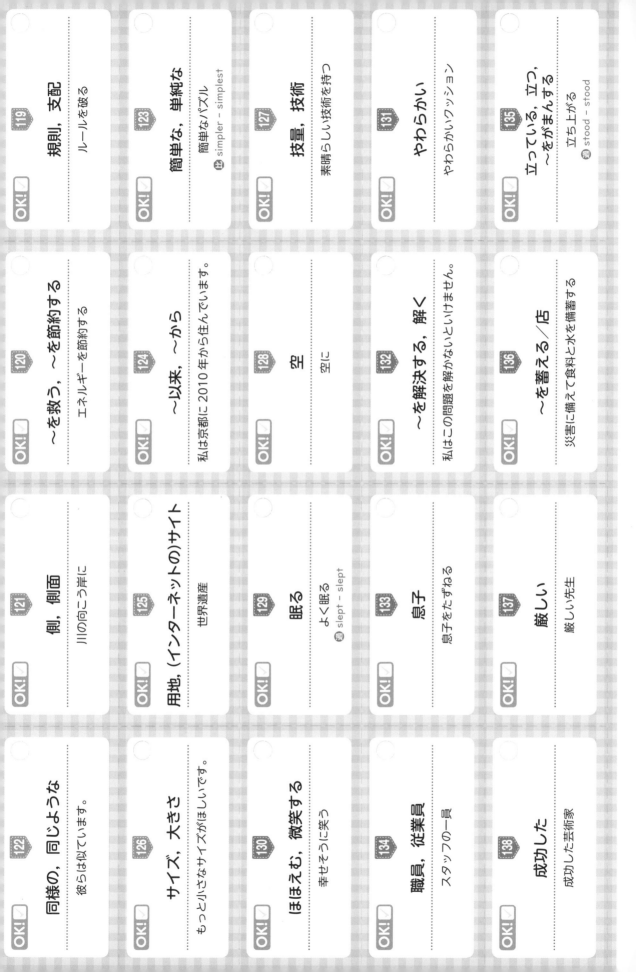

| OK! 119 | 規則、支配
ルールを破る | OK! 120 | ～を救う、～を節約する
エネルギーを節約する | OK! 121 | 側、側面
川の向こう岸に | OK! 122 | 同様の、同じような
彼らは似ています。 |

| OK! 123 | 簡単な、単純な
簡単なパズル
比 simpler - simplest | OK! 124 | ～以来、～から
私は京都に2010年から住んでいます。 | OK! 125 | 用地、(インターネットの)サイト
世界遺産 | OK! 126 | サイズ、大きさ
もっと小さなサイズがほしいです。 |

| OK! 127 | 技量、技術
素晴らしい技術を持つ | OK! 128 | 空
空に | OK! 129 | 眠る
よく眠る
過 slept - slept | OK! 130 | ほほえむ、微笑する
幸せそうに笑う |

| OK! 131 | やわらかい
やわらかいクッション | OK! 132 | ～を解決する、解く
私はこの問題を解かないといけません。 | OK! 133 | 息子
息子をたずねる | OK! 134 | 職員、従業員
スタッフの一員 |

| OK! 135 | 立っている、立つ、～をがまんする
立ち上がる
過 stood - stood | OK! 136 | ～を蓄える／店
災害に備えて食料と水を備蓄する | OK! 137 | 厳しい
厳しい先生 | OK! 138 | 成功した
成功した芸術家 |

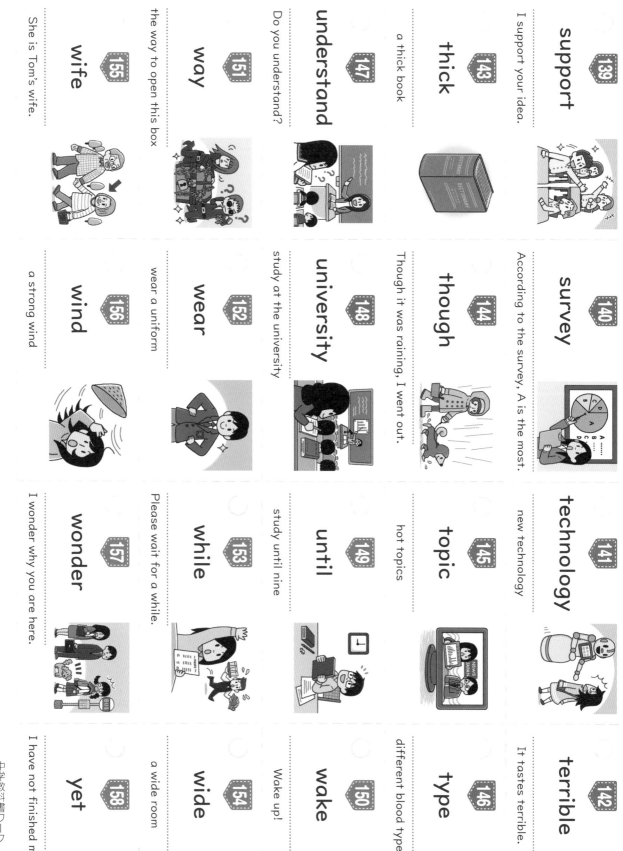

139 support
I support your idea.

143 thick
a thick book

147 understand
Do you understand?

151 way
the way to open this box

155 wife
She is Tom's wife.

140 survey
According to the survey, A is the most.

144 though
Though it was raining, I went out.

148 university
study at the university

152 wear
wear a uniform

156 wind
a strong wind

141 technology
new technology

145 topic
hot topics

149 until
study until nine

153 while
Please wait for a while.

157 wonder
I wonder why you are here.

142 terrible
It tastes terrible.

146 type
different blood type

150 wake
Wake up!

154 wide
a wide room

158 yet
I have not finished my work yet.

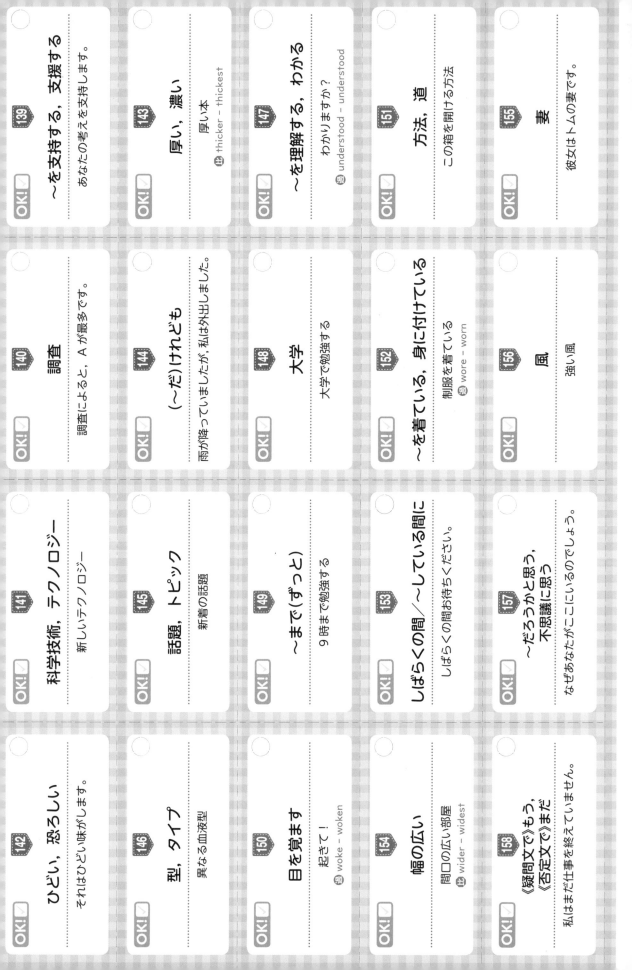

142 OK!
ひどい、恐ろしい
それはひどい味がします。

141 OK!
科学技術、テクノロジー
新しいテクノロジー

140 OK!
調査
調査によると、Aが最多です。

139 OK!
~を支持する、支援する
あなたの考えを支持します。

146 OK!
型、タイプ
異なる血液型

145 OK!
話題、トピック
新着の話題

144 OK!
(~だ)けれども
雨が降っていましたが、私は外出しました。

143 OK!
厚い、濃い
厚い本
比 thicker – thickest

150 OK!
目を覚ます
起きて！
過 woke – woken

149 OK!
~まで(ずっと)
9時まで勉強する

148 OK!
大学
大学で勉強する

147 OK!
~を理解する、わかる
わかりますか？
過 understood – understood

154 OK!
幅の広い
間口の広い部屋
比 wider – widest

153 OK!
しばらくの間／~している間に
しばらくの間お待ちください。

152 OK!
~を着ている、身に付けている
制服を着ている
過 wore – worn

151 OK!
方法、道
この箱を開ける方法

158 OK!
《疑問文で》もう、《否定文で》まだ
私はまだ仕事を終えていません。

157 OK!
~だろうかと思う、不思議に思う
なぜあなたがここにいるのでしょう。

156 OK!
風
強い風

155 OK!
妻
彼女はトムの妻です。

この本の特長と使い方
3ステップと予想問題で実力をつける！

確認のワーク ステージ1

- 文法や表現，重要語句を学習します。
- 基本的な問題を解いて確認します。
- 基本文には音声がついています。

定着のワーク ステージ2

- ステージ1で学習したことを，さらに問題を解くことで定着させます。
- ヒントがついているので学習しやすいです。
- リスニング問題もあります。

文法のまとめ

- ここまでに学習した文法をまとめて学習します。

Try! READING

- 教科書の長めの文章に対応するページです。読解力をつけます。

実力判定テスト ステージ3

- ステージ1で学習したことが身についたかをテスト形式で確認します。
- リスニング問題もあります。

ホームページテスト

- 文理のウェブサイトからテストをダウンロード。たくさん問題を解いて，実力アップ！ リスニング問題もあります。　くわしくは巻末へ➡

アクセスコード　C064347

定期テスト対策 予想問題

- 定期テスト前に解いて，実力を確かめます。
- リスニング問題もあります。

Challenge! SPEAKING

- アプリを使って会話表現の発音練習をします。AIが採点！

くわしくはChallenge! SPEAKINGの最初のページへ➡

英語音声について

- 英語音声があるものには 🎵 a00 がついています。
- 音声はスマートフォン，タブレット，またはパソコンで聞くことができます。
- また文理のウェブサイトから音声ファイルをダウンロードすることもできます。

▶スマホで聞く　　　　　　　[使い方]

 ------>

▶パソコンで聞く　https://listening.bunri.co.jp/
▶ダウンロードする　[ダウンロード方法]

 ------>

※この本にはCDはついていません。

音声用アクセスコード　7NVFY

※音声配信サービスおよび「おん達Plus」は無料ですが，別途各通信会社の通信料がかかります。
※お客様のネット環境および端末によりご利用いただけない場合がございます。ご理解，ご了承いただきますよう，お願いいたします。

確認のワーク ステージ **1** **Unit 1** Food Cultures ①

解答 ▶ p.1

読聞書話

教科書の **要点** 現在完了形（経験用法）

 ♪ a01

| 現在形 | I | eat | sukiyaki. | 私はすき焼きを食べます。 |

have＋過去分詞形

| 現在完了形 | I | <u>have eaten</u> | sukiyaki once. | 私は一度すき焼きを食べたことがあります。 |

「〜を食べたことがある」 経験

I **have been to** a sukiyaki restaurant. 私はすき焼きレストランに行ったことがあります。

「〜へ行ったことがある」

要点

● 〈have［has］＋動詞の過去分詞形〉を現在完了形といい，「〜したことがある」の意味で，過去から今までの経験の意味を表すことができる（〈経験用法〉）。

● 「〜へ行ったことがある」は〈have［has］been to 〜〉で表す。be 動詞の過去分詞形は been。

● 経験用法では once「一度」，twice「二度」，many times「何回も」などの回数を表す語句や before「以前に」などがよく使われる。

Words チェック 次の英語は日本語に，日本語は英語になおしなさい。

- □(1) bowl （　　　　　　） □(2) climb （　　　　　　）
- □(3) several （　　　　　　） □(4) 山 ＿＿＿＿＿＿＿
- □(5) 飛行機 ＿＿＿＿＿＿＿ □(6) もう一度 ＿＿＿＿＿＿＿

1 次の文の＿＿に，（　）内の語を適する形にかえて書きなさい。

(1) I have ＿＿＿＿＿＿＿ Kamakura once.（visit）

(2) Judy has ＿＿＿＿＿＿＿ the book before.（read）

(3) They have ＿＿＿＿＿＿＿ the song many times.（hear）

まるごと**暗記**

不規則に変化する動詞
eat — ate — eaten
hear — heard — heard
see — saw — seen

2 絵を見て例にならい，「以前に〜したことがあります」という文を書きなさい。

例 see

(1) climb

(2) play

(3) visit

例 I have seen the picture before.

(1) I ＿＿＿＿＿＿＿＿＿＿＿＿＿＿＿＿＿＿ Mt. Fuji before.

(2) Tom ＿＿＿＿＿＿＿＿＿＿＿＿＿＿＿ the guitar before.

(3) Hana ＿＿＿＿＿＿＿＿＿＿＿＿＿＿＿ the zoo before.

ここがポイント

〈助動詞 have［has］＋動詞の過去分詞形〉
主語が I，you 以外の単数のときは has を使う。

🔊 I have の短縮形 I've は［áiv］と発音するよ。

❸ 次の日本文に合うように，＿＿＿に適する語を書きなさい。

(1) 私は一度アップルパイを作ったことがあります。

I ＿＿＿＿＿＿ made an apple pie ＿＿＿＿＿＿.

(2) マイクは歌舞伎を見たことがあります。

Mike ＿＿＿＿＿ ＿＿＿＿＿ *kabuki*.

(3) 彼女は以前に中国に行ったことがあります。

She has ＿＿＿＿＿ to China ＿＿＿＿＿.

❹ 次の文を（　）内の指示にしたがって現在完了形の文に書きかえるとき，＿＿＿に適する語句を書きなさい。

(1) I met him last Sunday.（下線部を before に）

I ＿＿＿＿＿＿ him ＿＿＿＿＿.

(2) Aki cooked *tempura* yesterday.（下線部を twice に）

Aki ＿＿＿＿＿ *tempura* ＿＿＿＿＿.

(3) Mr. White went to Okinawa last year.（下線部を once に）

Mr. White ＿＿＿＿＿ to Okinawa ＿＿＿＿＿.

❺ 〔　〕内の語を並べかえて，日本文に合う英文を書きなさい。

(1) 私はその映画を一度見たことがあります。

〔 once / the / watched / I've / movie 〕.

(2) ケンタは家族とハワイに行ったことがあります。

〔 to / family / Kenta / with / has / his / Hawaii / been 〕.

(3) 私たちは何回もチェスをしたことがあります。

〔 many / played / have / chess / times / we 〕.

(4) 彼女は以前この湖で泳いだことがあります。

〔 before / in / has / lake / she / swum / this 〕.

WRITING Plus

次の各問いに対して，あなた自身の答えを英語で書きなさい。

(1) Have you ever had any pets at home?

(2) Have you finished your homework yet?

ミス注意
現在完了形「経験」の「〜へ行ったことがある」は go「行く」ではなく，be の過去分詞形で表す。

ここがポイント
〈経験を表す現在完了形〉「〜したことがある」は現在完了形〈have[has]＋動詞の過去分詞形〉で表す。

ミス注意
(1) I've は I have の短縮形。

まるごと暗記
回数を表す語句
once「一度」
twice「2回」
many times「何回も」
often「しばしば，よく」

Unit 1

解答 ▶ p.1

 確認のワーク ステージ **1** **Unit 1** Food Cultures ②

読 聞 書 話

📖 教科書の 要点 現在完了形（経験用法）の疑問文 ♪ a02

Have you ever **been** to that restaurant?
〔主語の前〕

あなたはそのレストランに行ったことがありますか。 疑問文

— Yes, I have. / No, I have not.

— はい，あります。／いいえ，ありません。

要点 1
● 現在完了形の疑問文は〈Have[Has]＋主語＋動詞の過去分詞形 〜?〉で表す。
● 答えるときも，Yes, I have. や No, I have not. のように have[has] を使う。
　短縮形 have not → haven't　　has not → hasn't

プラス 経験をたずねるときは ever「これまでに」を使い，
〈Have[Has]＋主語＋ever＋動詞の過去分詞形 〜?〉で表す。
例 Have you ever heard that word?　これまでにそのことばを聞いたことがありますか。

I have **never** been to that restaurant.
〔過去分詞形の前〕

私は一度もそのレストランに行ったことがありません。 否定文

要点 2
● 経験用法では，否定文に never「一度も〜ない」を使い，〈have[has]＋never＋動詞の過去分詞形 〜〉で表す。

Words チェック 次の英語は日本語に，日本語は英語になおしなさい。
- □(1) camel （　　　　　　　）
- □(2) hear of 〜 （　　　　　　　）
- □(3) hear の過去分詞形 ＿＿＿＿＿＿
- □(4) ride の過去分詞形 ＿＿＿＿＿＿
- □(5) メニュー ＿＿＿＿＿＿
- □(6) 虹 ＿＿＿＿＿＿

1 次の日本文に合うように，＿＿＿に適する語を書きなさい。
(1) あなたはこれまでにピアノを弾いたことがありますか。
＿＿＿＿＿＿ you ＿＿＿＿＿＿ played the piano?
(2) 〔(1)に答えて〕　はい，あります。
Yes, ＿＿＿＿＿＿ ＿＿＿＿＿＿.
(3) リサはこれまでにカレーを料理したことがありますか。
＿＿＿＿＿＿ Lisa ＿＿＿＿＿＿ cooked curry?
(4) 〔(3)に答えて〕　いいえ，ありません。
No, she ＿＿＿＿＿＿.
(5) 私は北海道に一度も行ったことがありません。
I have ＿＿＿＿＿＿ ＿＿＿＿＿＿ to Hokkaido.

ここがポイント
〈現在完了形の疑問文と答え方〉
〈Have[Has]＋主語＋動詞の過去分詞 〜?〉
Yes, 〜 have[has].
No, 〜 haven't[hasn't].

ミス注意
(4) has not の短縮形を使う。

 menu は[ménjuː]と最初を強く発音するよ。

2 次の文を（ ）内の指示にしたがって書きかえるとき，＿＿＿に適する語を書きなさい。

(1) They have visited Kyoto.（疑問文にかえて Yes で答える）

＿＿＿＿＿＿＿ they ＿＿＿＿＿＿＿ Kyoto?

— Yes, ＿＿＿＿＿＿＿ ＿＿＿＿＿＿＿.

(2) Bob has eaten *sushi*.（ever を用いた疑問文に）

＿＿＿＿＿＿＿ Bob ＿＿＿＿＿＿＿ ＿＿＿＿＿＿＿ *sushi*?

(3) I have talked to him.（never を用いて否定文に）

I ＿＿＿＿＿＿＿ ＿＿＿＿＿＿＿ ＿＿＿＿＿＿＿ to him.

ここが ポイント

〈現在完了形の疑問文〉
(1)(2) have[has] を主語の前に置く。

ミス注意

(3) never「一度も～ない」は have[has] と過去分詞形の間に置く。

3 次の英文を日本語になおしなさい。

(1) Have you ever tried this food?

(　　　　　　　　　　　　　　　　　　　　　　)

(2) Has your sister ever been to Okinawa?

(　　　　　　　　　　　　　　　　　　　　　　)

(3) I have never heard of the new book shop.

(　　　　　　　　　　　　　　　　　　　　　　)

表現メモ

●try ～
　「～を試す」
●hear of ～
　「～のことを聞く」

4 〔 〕内の語句を並べかえて，日本文に合う英文を書きなさい。

(1) あなたは日本の食文化について考えたことがありますか。

〔 you / Japanese food / about / culture / have / thought / ever 〕?

＿＿＿＿＿＿＿＿＿＿＿＿＿＿＿＿＿＿＿＿＿＿?

(2) 彼は一度もこの本を読んだことがありません。

〔 read / this / never / he / book / has 〕.

＿＿＿＿＿＿＿＿＿＿＿＿＿＿＿＿＿＿＿＿＿＿.

ミス注意

(1) ever は過去分詞形の前に置く。
(2) never は have[has] と過去分詞形の間に置く。

5 次の日本文に合うように，＿＿＿に適する語を書きなさい。

(1) その有名人のことを聞いたことがありますか。

Have you ＿＿＿＿＿＿＿ ＿＿＿＿＿＿＿ the celebrity?

(2) 彼女はこれまでに水族館へ行ったことがありますか。

Has she ＿＿＿＿＿＿＿ ＿＿＿＿＿＿＿ to an aquarium?

(3) 私は一度も馬に乗ったことがありません。

I have ＿＿＿＿＿＿＿ ＿＿＿＿＿＿＿ a horse.

(4) 新しいレストランにはどのような種類のメニューがありますか。

What ＿＿＿＿＿＿＿ ＿＿＿＿＿＿＿ menu does the new restaurant have?

表現メモ

(4)「どのような種類の～」は What kind of ～?
kind は「種類」の他に「親切な」という意味で使われることもある。

解答 p.2

ステージ **1** **Unit 1** Food Cultures ③

教科書の 要点 現在完了形(完了用法) ♪a03

I **have just found** a good restaurant.
　　　　　　「ちょうど」

私はちょうど, よいレストランを見つけた
ところです。　完了 肯定文

Have you **found** a good restaurant **yet**?
　　　　　　　　　　　　　　　　「もう」

あなたはもう, よいレストランを見つけま
したか。　完了 疑問文

I **have not found** a good restaurant **yet**.
　　　　　　　　　　　　　　　　　「まだ」

私はまだ, よいレストランを見つけていま
せん。　完了 否定文

要点 ‥‥‥‥‥‥‥‥‥‥‥‥‥‥‥‥‥‥‥‥‥‥‥‥‥‥‥‥‥

●現在完了形〈完了用法〉は「〜したところだ」「もう〜してしまった」の意味で, 過去に始まっ
　た動作や状態の完了を表すことができる。
●完了用法では次の語句がよく使われる。
　肯定文で — just「ちょうど」, already「もう, すでに」
　否定文で — yet「まだ(〜ない)」　　疑問文で — yet「もう」

Words チェック 次の英語は日本語に, 日本語は英語になおしなさい。

□(1)　has not の短縮形　＿＿＿＿＿＿＿　　□(2)　search for 〜　（　　　　　　　）

□(3)　〜を終える　　　＿＿＿＿＿＿＿　　□(4)　バスタブ　　　＿＿＿＿＿＿＿

□(5)　金魚　　　　　　＿＿＿＿＿＿＿　　□(6)　〜にえさをやる　＿＿＿＿＿＿＿

1 次の文の(　)内から適する語を選び, ○で囲みなさい。

(1)　My mother hasn't cooked dinner (yet, already).

(2)　Mike has (just, yet) studied English.

(3)　I have (yet, already) come home.

ミス注意

yet は否定文, 疑問文で
使われる。

2 次の日本文に合うように, ＿＿＿に適する語を書きなさい。

(1)　映画はちょうど始まったところです。

　　The movie ＿＿＿＿＿＿＿ ＿＿＿＿＿＿＿ started.

(2)　私はすでに昼食を終えました。

　　I ＿＿＿＿＿＿＿ ＿＿＿＿＿＿＿ finished lunch.

(3)　私はちょうどその知らせを聞いたところです。

　　I've ＿＿＿＿＿＿＿ ＿＿＿＿＿＿＿ the news.

(4)　アキオはまだその写真を見ていません。

　　Akio ＿＿＿＿＿＿＿ seen the photo ＿＿＿＿＿＿＿.

(5)　彼女はまだ自分の部屋を掃除していません。

　　She ＿＿＿＿＿＿＿ cleaned her room ＿＿＿＿＿＿＿.

まるごと暗記

現在完了形(完了)の文で
の already, just, yet
already
「もう, すでに」(肯定文)
just
「ちょうど」(肯定文)
yet
「もう」(疑問文)
「まだ(〜ない)」(否定文)

⚲ has not の短縮形 hasn't は[hǽznt]と発音するよ。

3 次の文を( )内の指示にしたがって書きかえなさい。

(1) It started to rain. （just を使って現在完了形の文に）

_____

(2) Sayaka makes an apple pie.
（already を使って現在完了形の文に）

_____

(3) I have already had dinner.
（yet を使って否定文に）

_____

_____

ここが ポイント

just, already, yet の位置

just や already は have [has] と過去分詞の間に置く。yet は文末に置く。

4 次の対話が成り立つように， ____ に適する語を書きなさい。

(1) A : Have you finished your work _____ ?
B : Yes, I _____ .

(2) A : _____ your father washed his car yet?
B : No, he _____ .

ここが ポイント

現在完了形の文では答えるときも have[has] を使う。

5 〔 〕内の語句を並べかえて，日本文に合う英文を書きなさい。

(1) あなたはもうその俳優にインタビューしましたか。
〔 interviewed / you / yet / have / the actor 〕?

_____ ?

(2) 私はもうその本を読んでしまいました。
〔 read / have / the book / already / I 〕.

_____ .

(3) ケンタはまだその机を運んでいません。
〔 yet / carried / desk / hasn't / the / Kenta 〕.

_____ .

(4) 私たちは新しいアイデアをさがしています。（1 語不要）
〔 searching / we / ideas / are / to / for / new 〕.

_____ .

ミス注意

(1)(2)〈完了〉の「もう」
疑問文 → yet
肯定文 → already

ミス注意

(4)「～をさがす」
○ search for ～
× search to ～

6 表を見て例にならい，エミ (Emi) とジム (Jim) がすでにしたこと，まだしていないことを表す英文を完成させなさい。ただし，表の○は「すでにした」，×は「まだしていない」ことを表します。

例 Ken has already written a report.

(1) Emi _____ .

(2) Emi _____ .

(3) Jim _____ .

(4) Jim _____ .

	write a report	wash a bike
Ken	○	×
Emi	×	○
Jim	○	×

解答 ▶ p.2

確認のワーク　ステージ1　Unit 1　Read & Think　Halal Food

読｜聞
書｜話

教科書の 要点 現在完了形（経験用法），「〜することができる」の文 ♪ a04

Have you ever seen these marks on food products?

　主語の前　「これまでに」

あなたはこれまでに食品にこれらのマークを見たことがありますか。

現在完了形　経験

要点1
- ●経験をたずねるときは，ever「これまでに」を使い，
〈Have[Has]＋主語＋ever＋動詞の過去分詞形 〜?〉で表す。

Moreover, Muslims are able to eat halal food

　　　　　　　　　　「〜することができる」

at some college cafeterias in Japan.

さらに，日本のいくつかの大学の学食ではイスラム教徒がハラール・フードを食べることができます。

要点2
- ●「〜することができる」は，助動詞 can の他に〈be able to＋動詞の原形〉で表せる。
- ●be動詞は主語と時制で使い分ける。

プラス 〈be able to＋動詞の原形〉の文の否定文・疑問文の作り方は be動詞の文と同じ。
否定文 be動詞の後ろに not を置く。例 I'm not able to speak Chinese.「私は中国語を話せません。」
疑問文 be動詞を文頭に置く。例 Are you able to speak Chinese?「中国語を話せますか。」
答えるときは be動詞を使う。— Yes, I am. / No, I'm not.「はい。/ いいえ。」

Wordsチェック 次の英語は日本語に，日本語は英語になおしなさい。

□(1)	permit	(　　　　　　)	□(2)	entrance	(　　　　　　)
□(3)	moreover	(　　　　　　)	□(4)	cafeteria	(　　　　　　)
□(5)	増える	＿＿＿＿＿	□(6)	最近	＿＿＿＿＿
□(7)	〜することができる	＿＿＿＿＿	□(8)	大学	＿＿＿＿＿

1 次の文を（ ）内の指示にしたがって書きかえるとき，＿＿に適する語を書きなさい。

(1) They have visited this town.（ever を用いた疑問文に）
　　＿＿＿＿＿ they ＿＿＿＿＿ visited this town?

(2) Kate has heard the story.（ever を用いた疑問文に）
　　＿＿＿＿＿ Kate ＿＿＿＿＿ heard the story?

(3) I can cook spaghetti.（ほぼ同じ内容を表す文に）
　　I'm ＿＿＿＿＿ ＿＿＿＿＿ cook spaghetti.

(4) Yuta can play tennis well.（ほぼ同じ内容を表す文に）
　　Yuta ＿＿＿＿＿ ＿＿＿＿＿ to play tennis well.

ここが ポイント

(3)(4)助動詞 can「〜できる」と同じ意味になるのは be able to 〜。be動詞は主語や時制で使い分ける。

town：町, spaghetti：スパゲッティ

② 次の英文を読んで，あとの問いに答えなさい。

　　Have you ever ①(see) these marks on food products?　You can see the word "halal"
on them.　"Halal" means "permitted" in Arabic.　Muslims can eat only halal food.
　　In Japan, ②[halal food / is / find / it / to / difficult].　But halal marks help me.
(③) a food product has a halal mark on it, I know it is a halal food.　I'm happy
(④) food products with halal marks are ⑤(increase) in Japan.

halal：ハラール　　　Arabic：アラビア語　　　Muslim(s)：イスラム教徒

(1)　①，⑤の（　）内の語を適する形にかえなさい。

　　①　_____

　　⑤　_____

(2)　下線部②の〔　〕内の語句を並べかえて，意味の通る英文にしな
　　さい。

　　_____

(3)　③，④の（　）に適する語をア〜オから選び，記号で答えなさい。

　　ア　for　　イ　that　　ウ　to　　エ　and　　オ　if

　　③（　　　　）　　④（　　　　　）

UP (4)　本文の内容に合うように，次の問いに英語で答えなさい。

　　１．　What does "halal" mean in Arabic?

　　　_____

　　２．　Can Muslims eat all kinds of food?

　　　_____

ここが ポイント

(2)〈It is ... to＋動詞の
原形〉「〜するのは…だ」
の文。

ミス注意

(4) 2. all kinds of food
「あらゆる種類の食べ物」

本文の2行目の内容を
参考に，答えを考えよう。

③ 次の日本文に合うように，＿＿に適する語を書きなさい。

(1)　私たちの学校にはよい図書館があってうれしいです。

　　I'm happy _____ _____ a nice library at
　　our school.

(2)　私の姉は車を運転することができます。

　　My sister _____ _____ to drive a car.

(3)　その質問に答えるのは簡単です。

　　It is _____ _____ answer the question.

(4)　あなたはこれまでにあの山に登ったことがありますか。

　　_____ you _____ climbed that mountain?

(5)　ますます多くの人が日本を訪れています。

　　_____ and _____ people are visiting

　　Japan.

思い出そう

(1)〈to＋動詞の原形〉に
は，感情の理由を表す用
法がある。

まるごと暗記

(5)「ますます多くの〜」
は more and more 〜で
表す。

確認のワーク **ステージ1** **Express Yourself** 好きな食べ物・苦手な食べ物について発表しよう。

解答 ▶ p.3

読聞書話

📖 **教科書の 要点** 好きな食べ物・苦手な食べ物を伝える ♪ a05

My favorite food is *soba*.
「私の好きな食べ物は〜です」
私の好きな食べ物はそばです。

I like *morisoba* **the best.**
「〜がいちばん好きです」
私はもりそばがいちばん好きです。

I don't like *sashimi*.
「〜が好きではありません」
私は刺身は好きではありません。

I don't like the smell of fish.
魚のにおいが好きではありません。

要点

● favorite は「好きな〜，お気に入りの〜」という意味。
My favorite 〜 is[are] .... は「私の好きな〜は…です」を表す。複数形には are を使う。
　例 My favorite fruits are apples and bananas. 私の好きな果物はリンゴとバナナです。
　　　　　　　　複数形

● like 〜 the best は「〜がいちばん好きです」という意味。

Wordsチェック 次の英語は日本語に，日本語は英語になおしなさい。

□(1) health （　　　　　　　　） □(2) tasty （　　　　　　　　）
□(3) 甘い ＿＿＿＿＿＿＿＿ □(4) すっぱい ＿＿＿＿＿＿＿＿
□(5) 辛い ＿＿＿＿＿＿＿＿ □(6) におい ＿＿＿＿＿＿＿＿

1 次の日本文に合うように，＿＿＿に適する語を書きなさい。

(1) 私の好きな季節は春です。
＿＿＿＿＿＿＿ ＿＿＿＿＿＿＿ season is spring.

(2) カレンは理科がいちばん好きです。
Karen likes science ＿＿＿＿＿＿＿ ＿＿＿＿＿＿＿.

(3) 野菜は健康にいいです。
Vegetables are ＿＿＿＿＿＿＿ ＿＿＿＿＿＿＿ your health.

🔍 **ミス注意**
(1) 「私の好きな〜は…です」は My favorite 〜 is .... で表す。

まるごと暗記
(3) 「健康に」は，ここでは「健康にとって」。前置詞 for 〜「〜にとって」を使う。

2 次の日本文を( )内の指示にしたがって英語になおしなさい。

(1) 私の好きな食べ物は寿司です。(5 語で)
＿＿＿＿＿＿＿＿＿＿＿＿＿＿＿＿＿＿＿＿＿＿＿

(2) 彼はピザ(pizza)がいちばん好きです。(5 語で)
＿＿＿＿＿＿＿＿＿＿＿＿＿＿＿＿＿＿＿＿＿＿＿

💬 favorite は[féɪvərət]と発音するよ。最初を強く発音しよう。

確認のワーク　ステージ**1**　Let's Talk 1　食事

解答 ▶ p.3

読 聞
書 話

教科書の　**要点**　食べ物などをすすめる　♪ a06

Would you like some salad?
「～はいかがですか」

サラダはいかがですか。

Yes, please. / No, thank you. I'm full.

はい，お願いします。/
いいえ，結構です。お腹いっぱいです。

要点
- ●「～はいかがですか」は，Would you like ～? で表す。
- ●答える表現には Yes, please. や No, thank you. などがある。
- ●食事やパーティーでよく使う表現
  - □　Thank you for inviting me. お招きいただき，ありがとうございます。
  - □　Would you like some more? おかわりはいかがですか。
  - □　May I have seconds? おかわりしてもいいですか。

Words チェック　次の英語は日本語に，日本語は英語になおしなさい。
- □(1)　help yourself　（　　　　　　　）
- □(2)　delicious　（　　　　　　　）
- □(3)　あらゆるもの[こと]　＿＿＿＿＿
- □(4)　～に見える　＿＿＿＿＿
- □(5)　(～の)味がする　＿＿＿＿＿
- □(6)　(～の)においがする　＿＿＿＿＿

1　次の対話が成り立つように，＿＿に適する語を書きなさい。

(1)　A : ＿＿＿＿＿ you ＿＿＿＿＿ something to drink?

　　B : Yes, ＿＿＿＿＿.

(2)　A : ＿＿＿＿＿ you ＿＿＿＿＿ some more?

　　B : No, ＿＿＿＿＿ ＿＿＿＿＿. I'm full.

(3)　A : ＿＿＿＿＿ ＿＿＿＿＿ have another piece of cake?

　　B : Sure. Please help yourself.

(4)　A : Hi, Satoshi! I'm glad that you came.

　　B : Hi, Tom. ＿＿＿＿＿ ＿＿＿＿＿ for inviting me.

まるごと暗記
(1)(2)「～はいかがですか」は Would you like ～? で表す。

表現メモ
〈something to＋動詞の原形〉「何か～する(ための)もの」

2　次の英文の下線部を日本語になおしなさい。

(1)　<u>Would you like something to eat?</u>
　　何か食べ物は（　　　　　　　　　　）。

(2)　<u>May I have some more?</u>
　　おかわりをしても（　　　　　　　　　　）。

解答 ▶ p.3

読 聞
書 話

定着のワーク ステージ**2** **Unit 1 〜 Let's Talk 1**

🎧 **①** LISTENING 対話を聞いて，内容に合う絵を選び，記号で答えなさい。 🎵 l01

ア　　　　　イ　　　　　ウ　　　　　エ

（　　　　）

② 次の文の（　）内から適する語を選び，〇で囲みなさい。

(1) I have (already, yet) done my homework.

(2) My father (have, has) visited Sydney once.

(3) Have you ever (watch, watched) this movie on TV?

(4) Yuki has (went, been) to America before.

③ 次の文を（　）内の指示にしたがって書きかえなさい。

(1) Emma came home. （just を加えて現在完了形の文に）

_____

(2) You went to Hokkaido. （ever を使って疑問文に）

_____

④ 次の対話が成り立つように，＿＿に適する語を書きなさい。

(1) A : ＿＿＿＿＿＿ he ever ＿＿＿＿＿＿ to China?

B : Yes, he ＿＿＿＿＿＿.

(2) A : Have you ever heard the news?

B : Yes, I ＿＿＿＿＿＿.

A : Really?　I have ＿＿＿＿＿ ＿＿＿＿＿ it.

⑤ 〔　〕内の語句を並べかえて，日本文に合う英文を書きなさい。ただし，下線部の語は適する形になおすこと。

(1) ユカは何度も高い山に登ったことがあります。

Yuka 〔 climb / high mountains / has / many times 〕.

Yuka _____ .

(2) ジムはすでに日本についてたくさん学びました。

Jim 〔 a lot / learn / already / Japan / about / has 〕.

Jim _____ .

重要ポイント

① David がしたことがあること，ないことを聞き取ろう。

② (1)「もう，すでに」。肯定文であることに注意。

(2) 主語によって have と has を使い分ける。

(4)「行ったことがある」の意味に。

③ (1) just は動詞の過去分詞形の前に置く。

テストに◎出る!

現在完了形の疑問文
〈Have[Has]＋主語＋動詞の過去分詞形〜?〉の形。答えるときも have[has] を用いる。

④「〜したことがありますか」と経験をたずねて，それに答える文。

⑤ (1)は経験，(2)は完了。

(2)「すでに」の already は has と過去分詞の間に置く。

6 次の対話文を読んで，あとの問いに答えなさい。

Aoi : Do you like sukiyaki?

Emily : Yes.　①I've eaten it once.　②(私は～に行ったことがある) a sukiyaki restaurant with my family.　I was surprised (③) see a raw egg in a bowl.

Aoi : Why?

Emily : We usually don't eat raw eggs in the USA.

(1) 下線部①を，it の指す内容を明らかにして日本語になおしなさい。

(　　　　　　　　　　　　　　　　　　　　　　　　)

UP (2) ②の( )内の日本語を 3 語の英語になおしなさい。

_____ _____ _____

(3) ③の( )内に適する語を書きなさい。

_____

(4) 本文の内容に合うように，____ に適する語を書きなさい。

Emily _____ _____ sukiyaki once.

She _____ it.

7 次の日本文と合うように，____ に適する語を書きなさい。

(1) 自由に取って食べてください。

Please _____ _____ .

(2) パンはいかがですか。

_____ you _____ some bread?

(3) 私の好きな科目は数学です。

My _____ subject _____ math.

(4) その作家のことを聞いたことがありますか。

Have you _____ _____ the writer?

8 次の日本文を英語になおしなさい。

(1) 私は以前その音楽家に会ったことがあります。

_____

(2) 彼女はその博物館へ行ったことが一度もありません。

_____

(3) あなたはもう夕飯を作りましたか。

_____

(4) 彼らはもうこの部屋の掃除をしてしまいました。

_____

重要ポイント

6 (1)現在完了形の文。it が指すものは前のアオイの発言参照。

(2)I have の短縮形を使う。

(3)感情の理由は〈to＋動詞の原形〉で表すことができる。

7 (1)「自由に取って食べる」は help yourself。

得点力を UP

「～はいかがですか」
食べ物などを人にすすめるときの表現は，Would you like ～? の他にも How about ～? がある。

(4)「～のことを聞く」は hear of ～。

8 すべて現在完了形の文。

(1)「音楽家」は musician。

(2)現在完了形(経験)の「～へ行ったことがある」は go「行く」の過去分詞形を使わないことに注意。

(3)現在完了形の疑問文で「もう」は，yet を使う。

(4)現在完了形の肯定文で「もう」は，already を使う。

解答▶ p.4

実力判定テスト　ステージ3　Unit 1 〜 Let's Talk 1

30分　/100

読聞書話

🎧 **1 LISTENING** 対話を聞いて，対話の続きとして適するものを1つ選び，記号で答えなさい。

♪ l02　2点×4(8点)

(1)　ア　By bike.　イ　I'll have it.　ウ　Yes, I have.　エ　Yes, in Japan.　（　　）

(2)　ア　No, he didn't.　イ　No, thank you.　ウ　No, he isn't.　エ　No, he hasn't.
　　　　　　　　　　　　　　　　　　　　　　　　　　　　　　（　　）

(3)　ア　Yes, I have.　イ　Yes, I can.　ウ　Yes, please.　エ　Yes, I did.　（　　）

(4)　ア　I don't know.　イ　Thank you.　ウ　He'd like it.　エ　No, I didn't.　（　　）

2 次の日本文に合うように，＿＿＿に適する語を書きなさい。　3点×4(12点)

(1)　ポールは上手に日本語を話すことができます。

　　Paul ＿＿＿＿＿＿＿ ＿＿＿＿＿＿＿ ＿＿＿＿＿＿＿ speak Japanese well.

(2)　何をさがしているのですか。

　　＿＿＿＿＿＿＿ are you searching ＿＿＿＿＿＿＿?

(3)　ケーキをもう1切れいかがですか。

　　＿＿＿＿＿＿＿ ＿＿＿＿＿＿＿ ＿＿＿＿＿＿＿ another piece of cake?

(4)　[(3)に答えて]　いいえ，結構です。お腹いっぱいです。

　　No, ＿＿＿＿＿＿＿ ＿＿＿＿＿＿＿.　I'm ＿＿＿＿＿＿＿.

3 〔　〕内の語句を並べかえて，日本文に合う英文を書きなさい。　5点×2(10点)

(1)　友だちはまだ駅に着いていません。

　　〔 the station / yet / has / at / arrived / my friend / not 〕.

　　＿＿＿＿＿＿＿＿＿＿＿＿＿＿＿＿＿＿＿＿＿＿＿＿＿＿＿＿＿.

(2)　これまでに外国の人と英語で話したことがありますか。

　　〔 English / talked / you / foreign people / ever / in / with / have 〕?

　　＿＿＿＿＿＿＿＿＿＿＿＿＿＿＿＿＿＿＿＿＿＿＿＿＿＿＿＿＿?

4 次の文を(　)内の指示にしたがって書きかえなさい。　4点×4(16点)

(1)　I visited New York. (twice を加えて「〜したことがあります」という文に)

　　＿＿＿＿＿＿＿＿＿＿＿＿＿＿＿＿＿＿＿＿＿＿＿＿＿＿＿＿＿

(2)　Kana wrote this letter. (already を加えて現在完了形の文に)

　　＿＿＿＿＿＿＿＿＿＿＿＿＿＿＿＿＿＿＿＿＿＿＿＿＿＿＿＿＿

(3)　Did the concert start? (yet を加えて現在完了形の文に)

　　＿＿＿＿＿＿＿＿＿＿＿＿＿＿＿＿＿＿＿＿＿＿＿＿＿＿＿＿＿

(4)　We did not go to Kobe. (下線部を never にかえて「〜したことがありません」という文に)

　　＿＿＿＿＿＿＿＿＿＿＿＿＿＿＿＿＿＿＿＿＿＿＿＿＿＿＿＿＿

ちょっとBREAKの答え　bake[béik]と言います。

目標 ●経験や完了を表す現在完了形の文を理解し，それぞれの文でよく使われる語を覚えましょう。

自分の得点まで色をぬろう！

| ☺ がんばろう！ | ☺ もう一歩 | ☺ 合格！ |

0　　　　　　　　　　60　　80　　100点

⑤ 次の対話文を読んで，あとの問いに答えなさい。 (計22点)

Emily : ①<u>Have you ever been to</u> the Blue Sky Restaurant behind the station?

Sora : No, I haven't. ②(　　　　) (　　　　) (　　　　) (　　　　) it. Is it a good restaurant?

Emily : (　③　) And the restaurant has a vegetarian menu.

(1) 下線部①を日本語になおしなさい。 (5点)

あなたは駅の裏にあるブルースカイ・レストラン(　　　　　　　　　　　　　　　　　　)。

(2) 下線部②が「私は一度もそれについて聞いたことがありません」という意味になるように(　)に適する語を書きなさい。 (6点)

＿＿＿＿＿＿ ＿＿＿＿＿＿ ＿＿＿＿＿＿ ＿＿＿＿＿＿ it.

(3) 空欄③にあてはまる答えとして正しいものを下から選び，記号を〇で囲みなさい。

ア　Yes, it has.　　イ　No, they don't.　　ウ　Yes, it is. (5点)

(4) 本文の内容に合うように，＿＿に適する語を書きなさい。 (6点)

Emily ＿＿＿＿＿＿ ＿＿＿＿＿＿ to the Blue Sky Restaurant, but Sora

＿＿＿＿＿＿.

⑥ 次の対話が成り立つように，＿＿に適する語を書きなさい。 4点×3(12点)

(1) *A :* Have you finished your report ＿＿＿＿＿＿?

B : Yes, I ＿＿＿＿＿＿.　 I wrote it yesterday.

(2) *A :* I have read this book once.　 How about you?

B : I have ＿＿＿＿＿＿ read it.　 I'll try it this weekend.

(3) *A :* Has your brother left for Osaka yet?

B : Yes, he ＿＿＿＿＿＿.　 He took the 8:30 train this morning.

⑦ 次の日本文を英語になおしなさい。 5点×4(20点)

(1) あなたはこの海で泳いだことがありますか。

＿＿＿＿＿＿＿＿＿＿＿＿＿＿＿＿＿＿＿＿＿＿＿＿＿＿

(2) マイク(Mike)のお父さんは日本に3回来たことがあります。

＿＿＿＿＿＿＿＿＿＿＿＿＿＿＿＿＿＿＿＿＿＿＿＿＿＿

(3) 彼らはもうそのボールを見つけましたか。

＿＿＿＿＿＿＿＿＿＿＿＿＿＿＿＿＿＿＿＿＿＿＿＿＿＿

よく出る (4) バスがちょうど来たところです。

＿＿＿＿＿＿＿＿＿＿＿＿＿＿＿＿＿＿＿＿＿＿＿＿＿＿

確認のワーク　ステージ**1**　Unit 2　Living Side by Side ①　読 聞 書 話

教科書の 要点　現在完了形（継続用法）　 ♪ a07

| 現在の文 | He lives with me. | 彼は私といっしょに住んでいます。 |

has＋過去分詞形

| 現在完了の文 | He **has lived** with me **for eight years.** | 彼は8年間ずっと私といっしょに住んでいます。 　継続 |

三人称単数　　　　　　　for＋期間を表す語句

要点

● 〈have[has]＋動詞の過去分詞形〉を現在完了形といい，「ずっと〜している」の意味で過去に始まった動作や状態が現在まで続いていることを表す（〈継続用法〉）。

プラス　継続用法では，for や since がよく使われ，次のように使い分ける。

● **for 〜**（〜の間）

　I have played baseball **for three years.**　私は3年間野球をしています。
　　　　　　　　　　　　〈for＋期間を表す語句〉

● **since 〜**（〜以来）

　I have played baseball **since I was ten.**　私は10歳のときから野球をしています。
　　　　　　　　　　　　〈since（接続詞）＋過去の文〉

　I have played baseball **since 2018.**　私は2018年から野球をしています。
　　　　　　　　　　　　〈since（前置詞）＋起点を表す語句〉

Wordsチェック　次の英語は日本語に，日本語は英語になおしなさい。

□(1) puppy 　（　　　　　　　）　□(2) kitten 　（　　　　　　　）

□(3) cardboard 　（　　　　　　　）　□(4) be born 　（　　　　　　　）

□(5) bring の過去分詞形 　＿＿＿＿＿＿　□(6) 〜以来 　＿＿＿＿＿＿

□(7) 病気の 　＿＿＿＿＿＿

1 絵を見て例にならい，「ずっと〜しています」という文を書きなさい。

| 例  play | (1)  study | (2)  live | (3)  stay |

例　I have played the piano for two years.

(1) Yuki ＿＿＿＿＿ ＿＿＿＿＿ English for two years.

(2) We ＿＿＿＿＿ ＿＿＿＿＿ here since last year.

(3) We ＿＿＿＿＿ ＿＿＿＿＿ in Kyoto for a week.

ここがポイント

〈助動詞 have[has]＋動詞の過去分詞形〉
主語が I, you 以外の単数のときは has を使う。

発音されない文字に気を付けよう。brought[brɔːt] / eight[éit]

2 次の文の（ ）内から適する語を選び，〇で囲みなさい。

(1) My sister has played the piano (since, for) 2019.

(2) Jim has been sick (since, for) a week.

(3) He has practiced *judo* (since, for) he came to Japan.

ここが ポイント

for と since の使い分け
for＋「期間」を表す語句
since＋「起点」を表す語句
since＋文〈主語＋動詞〜〉

3 次の文を（ ）内の指示にしたがって書きかえなさい。

(1) I live in Osaka.（since 2010 を加えて）

_____

(2) He plays the guitar.（for three years を加えて）

_____

(3) I use this desk.（since I was seven を加えて）

_____

ここが ポイント

現在完了形（継続）への書きかえ
〈have［has］＋動詞の過去分詞形〉のあとにsince 〜や for 〜を続ける。since のあとに文が続く場合は，その文の中の動詞は過去形にする。

4 〔 〕内の語句を並べかえて，日本文に合う英文を書きなさい。

(1) ケンジは 2 年間テニスを習っています。

〔 two years / tennis / learned / has / for / Kenji 〕.

_____.

(2) 私は子どものときからピアノがほしいと思っています。

〔 a piano / wanted / was / since / I've / a child / I 〕.

_____.

ミス注意

(2) I've は I have の短縮形。

5 次の日本文に合うように，_____ に適する語を書きなさい。

(1) 私の母は昨日からずっと忙しいです。

My mother _____ _____ busy since yesterday.

(2) ジュディーはボストンで生まれました。

Judy _____ _____ in Boston.

(3) 彼らはその花を持ち帰りました。

They _____ _____ the flower.

表現メモ

(2)「生まれる」は be born。be 動詞は主語や時制によって使い分ける。
(3)「〜を持ち帰る」は bring home 〜。代名詞は bring 〜 home のように間に置く。
例 I brought it home.

6 （ ）内の日本語を参考に，_____ に適する語を書きなさい。

(1) I _____ _____ to buy a car for a long time.（長い間買いたいと思っている）

(2) He _____ _____ in the hospital since last week.（先週から入院している）

(3) I _____ _____ him since I was ten.（知っている）

 ステージ **1** **Unit 2** Living Side by Side ②

読 聞
書 話

📖 教科書の 要点　現在完了形(How long 〜?)　♪ a08

How long have they lived there?

文頭に ——→ 具体的な〈期間〉を答える

— (They have lived there) For three weeks.

それらはどのくらいそこに住んでいますか。

—(それらはそこに)3週間住んでいます。

要点

● 「どのくらいの間[いつから]〜していますか」とたずねるときは
〈How long＋have[has]＋主語＋動詞の過去分詞形 〜?〉で表す。

Wordsチェック 次の英語は日本語に，日本語は英語になおしなさい。

□(1) toothache 　　（　　　　　　　） □(2) watch over 〜 （　　　　　　　）

□(3) 巣 　　＿＿＿＿＿＿ □(4) 屋根 　　＿＿＿＿＿＿

□(5) 親 　　＿＿＿＿＿＿ □(6) かわいそうな 　　＿＿＿＿＿＿

1 絵を見て例にならい，「—はどのくらいの間〜していますか」という文を書きなさい。

例	(1)	(2)	(3)

Lisa / play tennis	Chris / live in Tokyo	you / study English	Koji / have a cat

例　How long has Lisa played tennis?

(1) How long ＿＿＿＿＿＿ Chris ＿＿＿＿＿＿ in Tokyo?

(2) How long ＿＿＿＿＿＿ you ＿＿＿＿＿＿ English?

(3) How long ＿＿＿＿＿＿ Koji ＿＿＿＿＿＿ a cat?

ここがポイント

疑問文
〈How long＋have[has]
＋主語＋動詞の過去分詞形 〜?〉「どのくらいの間[いつから]〜していますか」
答え方
For 〜. 「〜間です」
Since 〜. 「〜以来です」

よく出る **2** 次の日本文に合うように，＿＿＿に適する語を書きなさい。

(1) あなたはどのくらいの間，奈良に滞在しているのですか。

＿＿＿＿＿＿ ＿＿＿＿＿＿ have you stayed in Nara?

(2) [(1)に答えて] 3日間です。

＿＿＿＿＿＿ three days.

(3) ケンはどのくらいの間，空手を習っているのですか。

How ＿＿＿＿＿＿ ＿＿＿＿＿＿ Ken learned *karate*?

(4) [(3)に答えて] 5歳からです。

＿＿＿＿＿＿ he was five.

ミス注意

(3)主語が三人称単数のときは has を使う。

 toothache の発音は[túːθèik]。最初を強く発音しよう。

3 次の文を（ ）内の指示にしたがって書きかえるとき，_____ に適する語を書きなさい。

(1) They have lived in Nagoya for a long time.
（疑問文にして Yes で答える）

_____ _____ _____ in Nagoya

for a long time?

— Yes, _____ _____ .

(2) He has played soccer since he was a child.
（疑問文にして No で答える）

_____ _____ _____ soccer since

he was a child?

— No, _____ _____ .

(3) She has stayed in Japan for six months.
（下線部をたずねる疑問文に）

_____ _____ has she stayed in Japan?

ここが ポイント

現在完了形の疑問文
(1)(2) have [has] を主語の前に置く。
(3)「期間」をたずねる現在完了形の文は〈How long＋have [has]＋主語＋動詞の過去分詞形〜?〉。

4 次の対話が成り立つように，_____ に適する語を書きなさい。

(1) A : _____ _____ you had

the puppy?

B : _____ last week.

(2) A : _____ _____ _____ he

worked for the bank?

B : _____ ten years.

ミス注意

for と since の使い分け
for＋「期間」を表す語句
since＋「起点」を表す語句
since＋文〈主語＋動詞〜〉

5 （ ）内の日本語を参考に，_____ に適する語を書きなさい。

(1) I have _____ a big _____ of the soccer team for two years.
（そのサッカーチームの大ファンだ）

(2) He has _____ a _____ since last night.（歯が痛い）

(3) We have _____ _____ this house for a year.（この家に住む）

(4) She has _____ _____ for a week.（病気だ）

WRITING Plus 🖊

次の各問いに対して，あなた自身の答えを英語で書きなさい。

(1) How long have you lived in your town?

_____

(2) How long have you studied English?

_____

Unit 2

読聞書話

教科書の 要点　現在完了進行形

a09

The crossings **have been saving** deer since 2016.

〈have [has] been＋動詞の -ing 形〉

be の過去分詞形

2016 年以来ずっと，その踏切はシカを救っています。

要点 1

● 〈have [has] been＋動詞の -ing 形〉を現在完了進行形といい，「ずっと〜している」の意味で過去に始まった動作が現在まで続いていることを表す。

● 動作の〈継続〉を強調するとき，現在完了進行形を使う。

Have the crossings **been saving** deer since 2016?

主語の前

2016 年以来ずっと，その踏切はシカを救っていますか。

疑問文

— Yes, they **have**. / No, they **have not**.

— はい，救っています。／いいえ，救ってはいません。

要点 2

● 現在完了進行形の疑問文は〈Have [Has] ＋主語＋been＋動詞の -ing 形 〜?〉で表す。

● 答えるときも，Yes, I have. や No, I have not. のように have [has] を使う。

短縮形 have not → haven't　　has not → hasn't

Wordsチェック　次の英語は日本語に，日本語は英語になおしなさい。

□(1) deer （　　　　　　）　□(2) produce （　　　　　　）

□(3) railroad （　　　　　　）　□(4) keep away from 〜（　　　　　　）

□(5) 〜をきらう ＿＿＿＿＿＿　□(6) 〜にぶつかる ＿＿＿＿＿＿

□(7) レポート ＿＿＿＿＿＿　□(8) 〜を待つ ＿＿＿＿＿＿

1 絵を見て例にならい，「—はずっと〜しています」という文を書きなさい。

例

He / play soccer

(1)

Emi / read a book

(2) Hello. My name is....

I / study English

(3)

Yuta / listen to music

例　He has been playing soccer since he was little.

(1) Emi has ＿＿＿＿＿＿ ＿＿＿＿＿＿ a book for an hour.

(2) I ＿＿＿＿＿＿ ＿＿＿＿＿＿ English.

(3) Yuta ＿＿＿＿＿＿ ＿＿＿＿＿＿ ＿＿＿＿＿＿ to

music since this morning.

ここが ポイント

現在完了進行形の文

〈have [has] been＋動詞の -ing 形〉で表す。

deer の複数形は deer。fish(魚)や sheep(ヒツジ)なども単数形と複数形が同じだよ。

2 次の文を（ ）内の指示にしたがって書きかえるとき，＿＿＿に適する語を書きなさい。

(1) I learn the violin. （「ずっと～しています」という文に）

I ＿＿＿＿＿＿＿＿ ＿＿＿＿＿＿＿＿ learning the violin for five years.

(2) My cat sleeps on the sofa. （「ずっと～しています」という文に）

My cat ＿＿＿＿＿＿＿＿ been ＿＿＿＿＿＿＿＿ on the sofa.

(3) You have been doing your homework. （疑問文にして Yes で答える）

＿＿＿＿＿＿＿＿ you ＿＿＿＿＿＿＿＿ ＿＿＿＿＿＿＿＿ your homework?

— Yes, ＿＿＿＿＿＿＿＿ ＿＿＿＿＿＿＿＿.

3 〔 〕内の語句を並べかえて，日本文に合う英文を書きなさい。

(1) 私の姉はずっと電話で話しています。

〔 the phone / been / my sister / has / on / talking 〕.

_____.

ミス注意
現在完了進行形の疑問文
〈Have〔Has〕＋主語＋
been＋動詞の -ing 形～
?〉で表す。

(2) 昨夜からずっと雨が降っているのですか。

〔 raining / last night / it / since / been / has 〕?

_____?

4 次の日本文に合うように，＿＿＿に適する語を書きなさい。

(1) 彼の手助けのおかげで，それを終わらせることができました。

＿＿＿＿＿＿＿＿ ＿＿＿＿＿＿＿＿ his help, I could finish it.

(2) 駅で私を待っていてください。

Please ＿＿＿＿＿＿＿＿ ＿＿＿＿＿＿＿＿ me at the station.

(3) その箱から離れていなければいけません。

You must ＿＿＿＿＿＿＿＿ ＿＿＿＿＿＿＿＿ from the box.

(4) 公園にはほとんど人がいませんでした。

There were ＿＿＿＿＿＿＿＿ people ＿＿＿＿＿＿＿＿ the park.

表現メモ
(1)「～のおかげで」
thanks to ～
(2)「～を待つ」
wait for ～

ミス注意
(4)「ほとんど～ない」を
表す語の使い分け
・数えられる名詞
few
・数えられない名詞
little

5 （ ）内の日本語を参考に，＿＿＿に適する語を書きなさい。

(1) They ＿＿＿＿＿＿＿＿ ＿＿＿＿＿＿＿＿ ＿＿＿＿＿＿＿＿ to music for an hour.

（ずっと音楽を聞いている）

(2) It ＿＿＿＿＿＿＿＿ ＿＿＿＿＿＿＿＿ ＿＿＿＿＿＿＿＿ since this morning.

（ずっと雪が降っている）

(3) ＿＿＿＿＿＿＿＿ you ＿＿＿＿＿＿＿＿ ＿＿＿＿＿＿＿＿ for a train for more than thirty minutes? （ずっと電車を待っている）

— Yes, ＿＿＿＿＿＿＿＿ ＿＿＿＿＿＿＿＿.（はい，そうです）

確認のワーク ステージ **1** 〔Unit 2〕 Read & Think

Pathways for Wild Animals

読 聞 書 話

教科書の 要点　現在完了形（経験用法）／現在完了進行形（復習）　♪ a10

Have you **ever seen** dead wild animals on roads?

[主語の前]　「これまでに」

道路で死んだ野生動物を見たことがありますか。現在完了形 経験

要点 1

●〈経験〉をたずねるときは，ever「これまでに」を使い，
〈Have[Has]＋主語＋ever＋動詞の過去分詞形 〜?〉で表す。

Humans have been building roads through forests.

〈have[has]＋been＋動詞の -ing 形〉

be の過去分詞形

人間は森をつらぬく道路を建設し続けています。

要点 2

●〈have[has]＋been＋動詞の -ing 形〉を現在完了進行形といい，「ずっと〜している」の意味で過去に始まった動作が現在まで続いていることを表す。
●動作の〈継続〉の意味を強調する場合，現在完了進行形を使う。

Words チェック　次の英語は日本語に，日本語は英語になおしなさい。

□(1) pathway （　　　　　）　　□(2) human （　　　　　）

□(3) safely （　　　　　）　　□(4) come and go （　　　　　）

□(5) ロープ ＿＿＿＿＿　　□(6) 森 ＿＿＿＿＿

□(7) 〜に沿って ＿＿＿＿＿　　□(8) 〜を通って ＿＿＿＿＿

1 次の（　）に入る最も適当な語(句)を□から１つずつ選び，記号で答えなさい。同じものを２度以上使ってはいけません。

(1) I've been to Aomori (　　　).

(2) She has (　　　) finished her homework.

(3) Ichiro has been studying hard (　　　) two hours.

(4) We haven't had breakfast (　　　).

(5) A : Have you (　　　) watched this movie?

　　B : No.　I've (　　　) watched it.

(6) A : (　　　) have you lived in this town?

　　B : I have lived here (　　　) 2018.

> まるごと暗記
>
> 現在完了形の文でよく使う語句
> ever「これまでに」
> never「一度も〜ない」
> already「もう，すでに」
> just「ちょうど」
> yet「もう」
> not 〜 yet「まだ〜ない」

ア	since	イ	already	ウ	ever	エ	for
オ	yet	カ	never	キ	once	ク	How long

huge[hjúːdʒ]と bridge[brídʒ]。go[góu]の g との発音の違いに注意しよう。

2 次の英文を読んで，あとの問いに答えなさい。

Have you ①(　　　) ②(see) dead wild animals on roads? When wild animals cross roads, they are sometimes hit by cars. Is there any way to save them?

Look at this picture.　There is a rope bridge over the road. ③It's a pathway for small animals in Yamanashi.　It is ④(call) an "animal pathway."　Squirrels and dormice ⑤have been using it since 2007.

(1) 次の（　）の日本語を参考に，①の（　）内に適する語を書きなさい。

　　① ＿＿＿＿＿＿＿＿＿ （これまでに）

(2) 下線部③が指すものを 5 語の英語で書きなさい。

　　a ＿＿＿＿＿ ＿＿＿＿＿ ＿＿＿＿＿ ＿＿＿＿＿

(3) ②，④の（　）内の語を適する形にかえなさい。

　　② ＿＿＿＿＿＿＿＿＿　　④ ＿＿＿＿＿＿＿＿＿

レベルUP (4) 下線部⑤を日本語になおしなさい。

　　リスやヤマネが（　　　　　　　　　　　　　　　　　　）。

よく出る 3 〔　〕内の語句を並べかえて，日本文に合う英文を書きなさい。

(1) お母さんがちょうど帰宅したところです。

　　〔 just / home / has / come / my mother 〕.

　　＿＿＿＿＿＿＿＿＿＿＿＿＿＿＿＿＿＿＿＿＿＿＿.

(2) 彼はここで 5 年以上働いています。

　　〔 more than / has / here / five / for / he / worked 〕 years.

　　＿＿＿＿＿＿＿＿＿＿＿＿＿＿＿＿＿＿＿ years.

(3) これまでに英語で手紙を書いたことがありますか。

　　〔 you / in English / ever / a letter / have / written 〕?

　　＿＿＿＿＿＿＿＿＿＿＿＿＿＿＿＿＿＿＿＿＿?

4 次の日本文に合うように，＿＿に適する語を書きなさい。

(1) 川の上に巨大な橋があります。

　　There is a ＿＿＿＿＿＿＿ bridge ＿＿＿＿＿＿＿ the river.

(2) この道路では毎日たくさんの車が行ったり来たりします。

　　Many cars ＿＿＿＿＿＿＿ and ＿＿＿＿＿＿＿ on this road every day.

(3) 彼女は解決法を見つけようとしました。

　　She ＿＿＿＿＿＿＿ ＿＿＿＿＿＿＿ find a solution.

まるごと 暗記

(1)① 「これまでに」は ever で表す。

思い出そう

(3)④ 受け身の文
「～される」という受け身の文は〈be 動詞＋動詞の過去分詞形〉で表す。

ミス注意

(4)〈have [has] been＋動詞の -ing 形〉
現在完了進行形の文。
「ずっと～している」

表現メモ

(2)「～以上」は more than ～。

ミス注意

(1)「～の上に」を表す前置詞
on ～（くっついた状態で)～の上に
over ～（おおった状態で)～の上に

確認のワーク ステージ **1** **Express Yourself** 動物や植物を育てた体験を発表しよう。

読 聞 書 話

📖 教科書の **要点** 動物や植物を育てた体験を発表する 🎵 a11

I had a little dog when I was ten years old.
　　　〜を飼っていました　　〜とき 接続詞

私は10歳のとき小さいイヌを飼っていました。

I fed and walked the dog every day.
　〜えさを与えました　〜散歩させました

私は，そのイヌに毎日えさを与え，散歩させました。

When the dog died, I was very sad.
　〜とき 接続詞

イヌが死んだときは，とても悲しかったです。

要点

● 動物の世話を表す動詞には，walk「〜を散歩させる」，feed（過去形は fed）「〜にえさをやる」などがある。

● when は2つの文（主語＋動詞）をつなぐ接続詞で「〜とき」を表す。
when 〜 を先に置く場合はコンマ（,）をつける。

Wordsチェック 次の英語は日本語に，日本語は英語になおしなさい。

☐(1) sunflower 　（　　　　　　　）　 ☐(2) bloom 　（　　　　　　　）

☐(3) 〜を育てる 　＿＿＿＿＿＿＿　 ☐(4) 種 　＿＿＿＿＿＿＿

☐(5) 〜に水をやる 　＿＿＿＿＿＿＿　 ☐(6) うれしい 　＿＿＿＿＿＿＿

1 次の日本文に合うように，＿＿に適する語を書きなさい。

(1) 私は毎日，花に水をやります。
　 I ＿＿＿＿＿＿ flowers every day.

(2) 私の祖母は野菜を育てています。
　 My grandmother ＿＿＿＿＿ vegetables.

(3) 彼は今，種をまいています。
　 He ＿＿＿＿＿ ＿＿＿＿＿ the seeds now.

まるごと暗記
・「〜に水をやる」
　water 〜
・「〜を育てる」
　grow 〜
・「〜（種）をまく」
　plant 〜

2 〔　〕内の語句を並べかえて，日本文に合う英文を書きなさい。

(1) エミリーは子どものとき，ウサギを飼っていました。
　 Emily〔 a rabbit / when / a child / had / was / she 〕.
　 Emily ＿＿＿＿＿＿＿＿＿＿＿＿＿＿.

(2) もうポチにえさをあげましたか。
　〔 you / fed / have / Pochi / yet 〕?
　 ＿＿＿＿＿＿＿＿＿＿＿＿＿＿?

ミス注意
(2)完了を表す現在完了形の疑問文。〈Have[Has]＋主語＋動詞の過去分詞形 〜?〉

💬 flower は[fláuər]と発音するよ。日本語の「フラワー」の発音と区別しよう。

現在完了形

解答 ▶ p.6

まとめ --

現在完了形は〈have[has]＋動詞の過去分詞形〉の形で，経験・完了・継続を表すことができる。

① 経験
● 「〜したことがある」の意味で，過去から現在までの経験を表す。
● 「これまでに〜したことがありますか」は ever（これまでに）を使う。

肯定文 I have been to Hawaii before.（私は以前にハワイに行ったことがあります。）

疑問文 Have you ＿＿ ever been to Hawaii? — Yes, I have. / No, I haven't.
　　　　　　　└── 主語の前 ──┘　　　　　　　　　　　　have not の短縮形

（あなたはこれまでにハワイに行ったことがありますか。— はい，あります。/ いいえ，ありません。）

● 「一度も〜したことがない」は never（一度も〜ない）を使う。

I have **never** been to Hawaii.（私はハワイに行ったことが一度もありません。）

● once「1度」twice「2度」many times「何度も」などの回数を表す語句や before「以前に」などがよく使われる。

② 完了
● 「〜したところだ」「もう〜してしまった」の意味で，過去に始まった動作や状態が完了したことを表す。完了の文では just（ちょうど）や already（もう，すでに）などがよく使われる。

I have **just** cleaned my room. / I have **already** cleaned my room.

（私はちょうど自分の部屋を掃除したところです。/ 私はもう自分の部屋を掃除してしまいました。）

● yet は疑問文や否定文の文末に置いてよく使われ，疑問文では「もう（〜しましたか）」，否定文では「まだ（〜していません）」の意味を表す。

Have you cleaned your room **yet**?（あなたはもう自分の部屋を掃除しましたか。）

I haven't cleaned my room **yet**.（私はまだ自分の部屋を掃除していません。）

③ 継続
● 「ずっと〜している」の意味で，過去から現在まで動作や状態が続いていることを表す。継続を表す文では for（〜の間）や since（〜以来）がよく使われる。

I have studied English **for** five years.（私は5年間英語を勉強しています。）
　[I've]　　　　　　　　　　期間

He **has** studied English **since** 2019.（彼は2019年から英語を勉強しています。）
主語が三人称単数のとき　　　起点

● 「どのくらいの間[いつから]〜していますか」とたずねるときは〈How long＋have[has]＋主語＋動詞の過去分詞形 〜?〉で表す。

How long has he studied English?（彼はどのくらいの間，英語を勉強していますか。）
　文頭に　　　　　　　　　具体的な〈期間〉または〈起点〉を答える

— (He has studied it) **For** one year. / **Since** last year.（1年間です。/ 去年からです。）

● 「ずっと〜している」の意味で，過去に始まった動作の継続を強調するときは〈have[has]＋been＋動詞の -ing 形〉を使う（現在完了進行形）。

They have been playing soccer for two hours.（彼らは2時間ずっとサッカーをしています。）

練習

1 次の文の＿＿＿に，（ ）内の語を適する形にかえて書きなさい。

(1) I have never ＿＿＿＿＿＿＿＿ a cake. (make)

(2) They haven't ＿＿＿＿＿＿＿＿ the game yet. (start)

(3) My father has ＿＿＿＿＿＿＿＿ busy since last week. (be)

(4) Have you ever ＿＿＿＿＿＿＿＿ *shogi*? (play)

2 次の対話が成り立つように，＿＿＿に適する語を書きなさい。

(1) A : ＿＿＿＿＿＿＿＿ you lived in this house since last year?

 B : Yes, I ＿＿＿＿＿＿＿＿ .

(2) A : ＿＿＿＿＿＿＿＿ your sister watched this new DVD before?

 B : No, she ＿＿＿＿＿＿＿＿ .

(3) A : Have you ＿＿＿＿＿＿＿＿ been to Canada?

 B : No, I've ＿＿＿＿＿＿＿＿ been there.

(4) A : ＿＿＿＿＿＿＿＿ ＿＿＿＿＿＿＿＿ has Matt learned Japanese?

 B : ＿＿＿＿＿＿＿＿ last year.

3 次の文を（ ）内の指示にしたがって書きかえなさい。

(1) I cooked dinner. (just を加えて現在完了形の文に)

＿＿＿＿＿＿＿＿＿＿＿＿＿＿＿＿＿＿＿＿＿＿＿＿＿＿＿＿＿＿＿＿＿＿

(2) You have heard about the word. (ever を使って疑問文に)

＿＿＿＿＿＿＿＿＿＿＿＿＿＿＿＿＿＿＿＿＿＿＿＿＿＿＿＿＿＿＿＿＿＿

(3) Naoki has already finished his report. (否定文に)

＿＿＿＿＿＿＿＿＿＿＿＿＿＿＿＿＿＿＿＿＿＿＿＿＿＿＿＿＿＿＿＿＿＿

(4) He has stayed in Japan for three years. (下線部をたずねる文に)

＿＿＿＿＿＿＿＿＿＿＿＿＿＿＿＿＿＿＿＿＿＿＿＿＿＿＿＿＿＿＿＿＿＿

4 〔 〕内の語句を並べかえて，日本語に合う英文を書きなさい。

(1) 私の母は一度も東京へ行ったことがありません。

 〔 been / never / Tokyo / my mother / has / to 〕.

＿＿＿＿＿＿＿＿＿＿＿＿＿＿＿＿＿＿＿＿＿＿＿＿＿＿＿＿＿＿＿＿ .

(2) あなたはこれまでにそのテレビ番組を見たことがありますか。

 〔 ever / the TV program / seen / you / have 〕?

＿＿＿＿＿＿＿＿＿＿＿＿＿＿＿＿＿＿＿＿＿＿＿＿＿＿＿＿＿＿＿＿ ?

(3) ユミは２時間ずっとピアノの練習をしています。

 〔 practicing / for / the piano / Yumi / has / hours / been / two 〕.

＿＿＿＿＿＿＿＿＿＿＿＿＿＿＿＿＿＿＿＿＿＿＿＿＿＿＿＿＿＿＿＿ .

解答 p.7

確認のワーク　ステージ1　Let's Talk 2　体調

読 聞 書 話

教科書の 要点　症状を説明する　♪ a12

I have a sore throat.　のどが痛いです。

「のどが痛む」

要点
- ●体調を表す表現には have がよく使われる。
- ●体調を表す表現
- □ I have a fever.　熱があります。
- □ I have a cough.　せきが出ます。
- □ I have a toothache.　歯が痛いです。
- □ I have a headache.　頭痛がします。
- □ I have a sore throat.　のどが痛いです。
- □ I have a runny nose.　鼻水が出ます。
- □ I have a stuffy nose.　鼻がつまっています。
- □ I feel chilly.　寒気を感じます。

Wordsチェック　次の英語は日本語に，日本語は英語になおしなさい。

- □(1)　sore　（　　　　　）
- □(2)　Let me take a look.　（　　　　　）
- □(3)　のど　＿＿＿＿＿＿
- □(4)　熱　＿＿＿＿＿＿

よく出る 1 （　）の日本語を参考に，＿＿に適する語を書きなさい。

(1) A : What's your problem today?
　　B : I ＿＿＿＿ a runny ＿＿＿＿.（鼻水が出ます）
(2) A : Do you ＿＿＿＿ a ＿＿＿＿?（熱がある）
　　B : Yes.
(3) A : ＿＿＿＿ ＿＿＿＿ have you had a cough?
　　（どのくらいの間）
　　B : ＿＿＿＿ yesterday morning.（昨日の朝から）
(4) Let ＿＿＿＿ take a ＿＿＿＿.
　　（私に見せてください）

表現メモ
〈Let me＋動詞の原形〜〉
「私に〜させてください」
let は使役動詞。

2 〔　〕の語句を並べかえて，日本文に合う英文を書きなさい。

(1) 昨日からずっとのどが痛いです。
　　I〔have / yesterday / sore throat / had / since / a〕.
　　I ＿＿＿＿＿＿＿＿.
(2) どのくらいの間，頭痛がしていますか。
　　〔headache / long / you / a / had / have / how〕?
　　＿＿＿＿＿＿＿＿?

Let me は[t]の音を省略して「レミ」のようにつなげて発音するよ。

解答 ▶ p.7

定着のワーク ステージ **2** **Unit 2 ～ Let's Talk 2**　読　聞　書　話

① LISTENING 対話を聞いて，内容に合う絵を選び，記号で答えなさい。♪ 103

ア  イ  ウ  エ

（　　　）

② 次の文の＿＿に，ever, never, for, since の中から適する語を書きなさい。

(1) Emma has ＿＿＿＿＿ visited Japan.

(2) Have you ＿＿＿＿＿ been to Hokkaido?

(3) He has ＿＿＿＿＿ seen the sea.

(4) My father has stayed in Osaka ＿＿＿＿＿ yesterday.

(5) I have studied English ＿＿＿＿＿ three years.

③ 〔 〕内の語を並べかえて，日本文に合う英文を書きなさい。ただし，下線部の語は適する形になおすこと。

(1) テッドは，横浜に 30 年間住んでいます。
〔 live / for / in / thirty / Yokohama / Ted / has / years 〕.

＿＿＿＿＿＿＿＿＿＿＿＿＿＿＿＿＿＿＿＿＿＿＿＿.

(2) あなたは昨日からずっとここにいるのですか。
〔 you / be / yesterday / here / since / have 〕?

＿＿＿＿＿＿＿＿＿＿＿＿＿＿＿＿＿＿＿＿＿＿＿＿?

(3) 2 日間ずっと雨が降り続いています。
〔 has / days / been / for / two / it / rain 〕.

＿＿＿＿＿＿＿＿＿＿＿＿＿＿＿＿＿＿＿＿＿＿＿＿.

④ 次の日本文に合うように，＿＿に適する語を書きなさい。

(1) 彼は幼いとき，金魚を飼っていました。
He ＿＿＿＿＿ goldfish ＿＿＿＿＿ he was small.

(2) 火のそばから離れていてください。
Please ＿＿＿＿＿ ＿＿＿＿＿ from the fire.

(3) 私に見せてください。
＿＿＿＿＿ me ＿＿＿＿＿ a look.

重要ポイント

① だれのどんな行為についての対話か，に注意して聞く。

② (1)〜(3)疑問文か否定文かによって ever と never を使い分ける。

得点力をUP

for と since
あとに続く語が〈起点〉を表す場合は since，〈期間〉を表す場合は for を使う。

③ (1)(2)〈継続〉の現在完了形。

(1) live は規則動詞だが，語尾の e に注意する。

(3)動作の〈継続〉を強調する現在完了進行形の文。

テストに◎出る!

(3)現在完了進行形
〈have[has] ＋been＋動詞の –ing 形〉
「ずっと〜している」
動作の〈継続〉を強調。

④ (1)「〜とき」を表す接続詞 when を使う。

(3)使役動詞〈let 〜動詞の原形〉「〜に…させる」。

5 次の英文を読んで，あとの問いに答えなさい。

 I have a dog. His name is Riki.　He ①(live) with me for eight years.　②(初めて会ったとき) at a park, he was just a puppy.　He ③<u>was crying</u> in a cardboard box.　④I 〔 and / him / him / up / brought / picked 〕home.

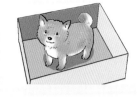

(1)　①の（　）内の語を適する形にかえなさい。（2 語で）

 ＿＿＿＿＿＿＿ ＿＿＿＿＿＿＿

(2)　②の（　）内の日本語の意味になるように，＿＿に適する語を書きなさい。

 ＿＿＿＿＿ I first ＿＿＿＿＿ him

(3)　下線部③を日本語になおしなさい。

 (　　　　　　　　　　　　　)

(4)　下線部④の〔　〕内の語を並べかえて，意味の通る英文にしなさい。

 I ＿＿＿＿＿＿＿＿＿＿＿＿ home.

6 次の対話が成り立つように，＿＿に適する語を書きなさい。

(1)　*A :* ＿＿＿＿＿＿ your problem today?

 B : I ＿＿＿＿＿ a headache.

(2)　*A :* ＿＿＿＿＿ ＿＿＿＿＿ have you had a fever?

 B : ＿＿＿＿＿ this morning.

(3)　*A :* ＿＿＿＿＿ she ＿＿＿＿＿ studying math for two hours?

 B : Yes, she ＿＿＿＿＿.　She'll have a test tomorrow.

7 次の日本文を英語になおしなさい。

(1)　リエ(Rie)は子どものときからずっと日記をつけています。
（現在完了進行形で）

 ＿＿＿＿＿＿＿＿＿＿＿＿＿＿＿＿＿

(2)　あなたは長い間この市に滞在しているのですか。
（現在完了進行形で）

 ＿＿＿＿＿＿＿＿＿＿＿＿＿＿＿＿＿

(3)　私のお父さんは 1 時間ずっと車を運転しています。
（現在完了進行形で）

 ＿＿＿＿＿＿＿＿＿＿＿＿＿＿＿＿＿

(4)　どのくらいの間，ここで働いていますか。（現在完了進行形で）

 ＿＿＿＿＿＿＿＿＿＿＿＿＿＿＿＿＿

重要ポイント

5 (1)〈for＋期間を表す語句〉があり，2 語なので，現在完了形(継続用法)の文にする。

(3)過去進行形の文。

(4) 2 つの句動詞(pick ~ up と bring ~ home)を and でつなぐ。

得点力をUP

動詞＋副詞の句動詞
動詞＋代名詞＋副詞の語順 pick me up になる。代名詞以外は副詞の後でもよい。
pick the dog up
pick up the dog

6 (2)「どのくらいの間~」と〈継続の期間〉をたずねて，それに答える文。

(3)動詞が -ing 形で，〈for＋期間を表す語句〉があるので，現在完了進行形の文。

7 (1)「~のときから」は〈since＋主語＋動詞の過去形〉。「日記をつける」は keep a diary。

(3)「車を運転する」は drive a car。

Unit 2 ～ Let's Talk 2

解答▶p.7

実力判定テスト　ステージ3　Unit 2 〜 Let's Talk 2　30分　/100　読 聞 書 話

1 LISTENING 英語と質問を聞いて，その答えとして適するものを1つ選び，記号で答えなさい。

♪ 104　2点×3(6点)

(1)　ア　She's feeling fine.　　イ　She doesn't have any.
　　　ウ　She's feeling sick.　　エ　Yes, she does.　　（　　）

(2)　ア　Yes, he has.　　　　　イ　No, he hasn't.
　　　ウ　For an hour.　　　　エ　Twice.　　　　　　（　　）

(3)　ア　A year.　　　　　　　イ　Once.
　　　ウ　Since this summer vacation.　エ　For five years.　（　　）

2 次の日本文に合うように，＿＿に適する語を書きなさい。　4点×4(16点)

(1)　私の好きな色は青です。
　　＿＿＿＿＿＿＿＿ ＿＿＿＿＿＿＿ color ＿＿＿＿＿＿＿ blue.

(2)　鈴木先生は子どものとき，たくさんの花を育てました。
　　＿＿＿＿＿＿＿＿ Ms. Suzuki was a child, she ＿＿＿＿＿＿＿ many flowers.

(3)　今日はいかがなさいましたか。
　　What's your ＿＿＿＿＿＿＿ today?

(4)　[(3)に答えて]　のどが痛いです。
　　I ＿＿＿＿＿＿＿ ＿＿＿＿＿＿＿ sore throat.

3 次の文を（　）内の指示にしたがって書きかえなさい。　4点×4(16点)

(1)　I worked at this school in 2018.（下線部を since にかえて現在完了進行形の文に）
　　＿＿＿＿＿＿＿＿＿＿＿＿＿＿＿＿＿＿＿＿＿＿＿＿＿＿＿＿＿＿＿＿

(2)　It has rained since last Sunday.（否定文に）
　　＿＿＿＿＿＿＿＿＿＿＿＿＿＿＿＿＿＿＿＿＿＿＿＿＿＿＿＿＿＿＿＿

(3)　Judy has been using this computer for many years.（疑問文にして No で答える）
　　＿＿＿＿＿＿＿＿＿＿＿＿＿＿＿＿＿＿＿＿＿＿＿＿＿＿＿＿＿＿＿＿
　　— ＿＿＿＿＿＿＿＿＿＿＿＿＿＿＿＿＿＿＿＿＿＿＿＿＿＿＿＿＿＿

(4)　They have known each other for five years.（下線部をたずねる疑問文に）
　　＿＿＿＿＿＿＿＿＿＿＿＿＿＿＿＿＿＿＿＿＿＿＿＿＿＿＿＿＿＿＿＿

4 各組の文がほぼ同じ内容を表すように，＿＿に適する語を書きなさい。　5点×2(10点)

(1)　{ Bill moved from Kobe to Osaka two years ago.　He still lives in Osaka.
　　{ Bill ＿＿＿＿＿＿＿ ＿＿＿＿＿＿＿ in Osaka ＿＿＿＿＿＿＿ two years.

(2)　{ My sister was busy last week.　She's still busy.
　　{ My sister ＿＿＿＿＿＿＿ ＿＿＿＿＿＿＿ busy ＿＿＿＿＿＿＿ last week.

ちょっとBREAKの答え　bowwow[bàuwáu]と言います。

目標 ●継続を表す現在完了形や現在完了進行形の文を理解し，それぞれの文でよく使われる語を覚えましょう。

自分の得点まで色をぬろう！

😣がんばろう　　　😊もう一歩　　😄合格！
0　　　　　　　　　　　　　60　　80　　100点

5 次の対話文を読んで，あとの問いに答えなさい。 (計21点)

Aoi : Swallows made a nest under the roof of my house.
The parent birds and their ①babies live there.
Chen : They are very cute.　How long have they ②(live) there?
Aoi : ③(　　　　) about three (　　　　).

(1) 下線部①の単数形を書きなさい。 (4点)

＿＿＿＿＿＿＿＿＿

(2) ②の(　)内の語を適する形にかえなさい。 (6点)

＿＿＿＿＿＿＿＿＿

(3) 下線部③が「3週間ぐらいです」という意味になるように(　)に適する語を書きなさい。
＿＿＿＿＿＿＿ about three ＿＿＿＿＿＿. (5点)

レベルUP (4) 本文の内容に合うように，(　)に適する日本語を書きなさい。 (6点)
ツバメがアオイの家の(　　　　　　　　　　)の巣に3週間くらい(　　　　　　　　　　)。

6 次の対話が成り立つように，＿＿＿に適する語を書きなさい。 4点×4(16点)

(1) A : Has your brother ＿＿＿＿＿＿ sick since yesterday?
B : Yes, he ＿＿＿＿＿＿.　He is staying at home today.

よく出る (2) A : ＿＿＿＿＿＿ ＿＿＿＿＿＿ has Yuri waited for a bus?
B : She has waited ＿＿＿＿＿＿ twenty minutes.

(3) A : How's the weather in your town?
B : It has ＿＿＿＿＿＿ snowing here ＿＿＿＿＿＿ last night.

(4) A : ＿＿＿＿＿＿ you known each other for many years?
B : Yes, we have.　We've ＿＿＿＿＿＿ friends ＿＿＿＿＿＿ we were small.

7 次の日本語を英語になおしなさい。 5点×3(15点)

(1) 私は長い間ずっと彼らに会っていません。

＿＿＿＿＿＿＿＿＿＿＿＿＿＿＿＿＿＿＿＿

(2) 彼は子どものころからずっと動物が好きです。

＿＿＿＿＿＿＿＿＿＿＿＿＿＿＿＿＿＿＿＿

(3) あなたのお母さんは1週間ずっと忙しいのですか。

＿＿＿＿＿＿＿＿＿＿＿＿＿＿＿＿＿＿＿＿

確認のワーク ステージ**1** **Unit 3** Passing Down Memories ①

読聞書話

解答 ▶ p.8

📖教科書の 要点 間接疑問文（know where 〜） a13

Where <u>are we</u> going to go?　　　私たちはどこへ行く予定ですか。
　　　　疑問文の語順

↓

Do you **know where** <u>we are</u> going to go?　　私たちがどこへ行く予定か，あなたは知っ
　　　目的語のはたらき　肯定文の語順　　　　　　　ていますか。

要点
- 疑問詞で始まる疑問文が別の文の中に入ると，〈疑問詞＋主語＋（助）動詞 〜〉の語順となり，動詞の目的語として使われる（間接疑問文）。
- 疑問文に続く場合　When did she come? → Do you know <u>when she came</u>?

プラス 疑問詞が主語の疑問文では〈疑問詞（＝主語）＋（助）動詞 〜〉で語順はかわらない。
　　疑問文　　　　　　 Which will win?
　　　　　　　　　　　　↓
　例 間接疑問文　I don't know which will win.　どちらが勝つかわかりません。
　　　　　　　　　　〈疑問詞（＝主語）＋（助）動詞 〜〉

Wordsチェック 次の英語は日本語に，日本語は英語になおしなさい。
- □(1)　memory　　　（　　　　　　）
- □(2)　pass down 〜　（　　　　　　　）
- □(3)　look forward to 〜（　　　　　）
- □(4)　woman の複数形　＿＿＿＿＿＿
- □(5)　電話　　　　　＿＿＿＿＿＿＿
- □(6)　〜を発明する　＿＿＿＿＿＿＿

1 次の日本文に合うように，＿＿＿に適する語を書きなさい。
(1)　私はあなたが何を持っているのか知っています。
　　I know ＿＿＿＿＿＿ ＿＿＿＿＿＿ have.
(2)　あなたは彼女がなぜ遅れたのか知っていますか。
　　Do you know ＿＿＿＿＿＿ she ＿＿＿＿＿＿ late?
(3)　私はビルの誕生日がいつなのか知りません。
　　I don't know ＿＿＿＿＿＿ Bill's birthday ＿＿＿＿＿＿.

ここがポイント
間接疑問文
〈疑問詞＋主語＋（助）動詞 〜〉の語順。

2 次の英文の下線部を日本語になおしなさい。
(1)　I know <u>where he lives</u>.
　　私は（　　　　　　　　　　　　　　）知っています。
(2)　Do you know <u>which is mine</u>?
　　あなたは（　　　　　　　　　　　　　）知っていますか。
(3)　I don't know <u>what she will make</u>.
　　私は（　　　　　　　　　　　　　　　）知りません。

まるごと暗記
疑問詞
what「何」
when「いつ」
where「どこ」
who「だれ」
which「どれ」「どちら」
why「なぜ」
how「どのようにして」

▶ -mb で終わる単語の b は発音しないよ。bomb[bɑm], climb[kláim]

3 〔 〕内の語を並べかえて，日本文に合う英文を書きなさい。

(1) 私はあなたが何を考えているのかわかりません。
〔 think / what / don't / I / you / know 〕.

_____ .

(2) コウタがどうやって学校へ来るか知っていますか。
〔 Kota / how / you / to / comes / know / do 〕 school?

_____ school?

(3) 私は彼女がどちらの本を好きか知っています。
〔 she / know / I / which / likes / book 〕.

_____ .

4 次の日本文に合うように，2つの文を1文にしなさい。

(1) 私は，クミがどこに住んでいるのか知りません。
I don't know.　Where does Kumi live?

_____

(2) 私たちはだれがこの絵を描いたか知っています。
We know.　Who painted this picture?

_____

(3) 彼は，あなたがなぜ彼に電話をかけたか知っていますか。
Does he know?　Why did you call him?

_____

🔍ミス注意

(1) Where 〜? の主語が三人称単数なので，間接疑問文の動詞に s をつける。
(2) 疑問詞 who が主語の間接疑問なので，〈疑問詞（＝主語）＋（助）動詞〜〉の語順はかわらない。
(3) Why 〜? が過去の文なので，間接疑問も動詞を過去形にする。

レベルUP 5 次の日本文に合うように，_____に適する語を書きなさい。

(1) だれがインターネットを発明しましたか。
_____ _____ the Internet?

(2) 今日は，彼はお母さんの手伝いをする予定です。
He's _____ _____ help his mother today.

(3) あなたにお会いするのを楽しみにしています。
I'm looking _____ _____ meeting you.

📝表現メモ

(3) look forward to 〜ing 「〜することを楽しみにしている」
to のあとは〈動詞の原形〉ではなく〜ing 形。

6 アキラは，留学生のエマ（Emma）に質問した答えをメモに書き入れています。例にならい，アキラがエマについてすでに知っていること，まだ知らないことを表す英文を完成させなさい。

例 Akira knows what sport Emma plays.

(1) Akira knows _____ Emma was _____ .

(2) Akira doesn't know _____ Emma is from.

(3) Akira doesn't know _____ food Emma

_____ .

エマへの質問	
スポーツ	テニス
誕生日	10月12日
出身地	？
好きな食べ物	？

確認のワーク ステージ1　**Unit 3** Passing Down Memories ②　読 聞 書 話

解答 ▶ p.8

教科書の **要点**　間接疑問文(tell me who 〜)　♪a14

Who <u>was she</u>?　　　　　　　　　彼女はだれでしたか。
　　　　疑問文の語順
↓
Ms. Bell told me <u>who she was</u>.　　ベル先生は，彼女がだれなのか私に教えて
　目的語(人)　肯定文の語順　ひとまとまりで told の目的語　くれました。

要点
● 疑問詞で始まる疑問文が別の文の中に入ると，〈疑問詞＋主語＋(助)動詞 〜〉の語順となり，
　動詞の目的語として使われる(間接疑問文)。
●「人に〜するか言う」は〈tell＋人＋疑問詞＋主語＋(助)動詞 〜〉で表す。
● この形を使う動詞には，他に teach「教える」，show「示す，教える」などがある。

Wordsチェック　次の英語は日本語に，日本語は英語になおしなさい。
□(1)　improve　　　（　　　　　　　）　□(2)　a pair of 〜　　（　　　　　　　）
□(3)　tell の過去形　＿＿＿＿＿＿＿　□(4)　(場所に)建つ，ある　＿＿＿＿＿＿
□(5)　記念の　　　　＿＿＿＿＿＿＿　□(6)　〜は何歳ですか。　＿＿＿＿＿＿

1 絵を見て例にならい，「あなたは〜か教えてください」という文を書きなさい。

例　where / run　　(1)　when / ate lunch　　(2)　what animal / like　　(3)　how / go to the library

例　Tell me where you run.
(1)　Tell me ＿＿＿＿＿＿ you ＿＿＿＿＿＿ lunch.
(2)　＿＿＿＿＿＿ me ＿＿＿＿＿＿ animal you like.
(3)　＿＿＿＿＿＿＿＿＿＿＿＿＿＿＿＿＿＿＿＿＿

ここがポイント
〈tell＋人＋疑問詞＋主
語＋動詞 〜〉の語順。

よく出る 2 次の英文の下線部を日本語になおしなさい。
(1)　Please tell me <u>when you went there</u>.
　　（　　　　　　　　　　　　　　　　　）私に教えてください。
(2)　Mr. Ito will tell us <u>what it is</u>.
　　（　　　　　　　　）伊藤先生が私たちに教えてくれるでしょう。

old, told, know の下線部の発音はどれも[ou]だよ。

3 次の日本文に合うように，2つの文を1文にしなさい。

(1) 私がどこへ行くべきか教えてください。
Tell me.　Where should I go?

_____

(2) どうやってこのケーキを作ったか私に教えてくれませんか。
Will you tell me?　How did you make this cake?

_____

(3) ユカは私たちにどちらがよいか教えてくれました。
Yuka told us.　Which was better?

_____

思い出そう
依頼の表現
・Please＋動詞の原形～.
・Will[Can] you＋動詞の原形～?
助動詞を過去形にすると，さらに丁寧な表現になる。
・Would[Could] you＋動詞の原形～?

4 〔　〕内の語を並べかえて，日本文に合う英文を書きなさい。

(1) クリスマスに何がほしいか私に教えてください。
〔 me / Christmas / tell / want / what / for / you 〕.

_____ .

(2) だれがピアノを弾けるのか私に教えてくれませんか。
〔 play / me / you / who / will / tell / can 〕 the piano?

_____ the piano?

(3) なぜバスで来たのか私に教えてください。
〔 why / bus / me / please / came / you / by / tell 〕.

_____ .

ここがポイント
(2)疑問詞 who が主語の間接疑問なので，〈疑問詞（＝主語）＋（助）動詞～〉の語順はかわらない。
(3)交通手段は〈by＋乗り物〉で表す。

5 次の日本文に合うように，____に適する語を書きなさい。

(1) 次の授業がいつ始まるか私に教えてください。
_____ me _____ the next class starts.

(2) あなたは何歳ですか。
_____ _____ are you?

(3) その像は駅の前に建っています。
The statue _____ in front of the _____ .

表現メモ
●How old ～?
「～は何歳ですか」
●stand
「（場所に）建つ，ある」

WRITING Plus
次の各問いに対して，あなた自身の答えを英語で書きなさい。

(1) Please tell me how old your school is.

_____

(2) Will you tell me where you live?

_____

(3) Could you tell me what you ate for lunch?

_____

Unit 3

 ステージ **1**　Unit 3　Passing Down Memories ③　読 聞 書 話

解答 ▶ p.9

教科書の 要点　疑問詞＋to＋動詞の原形　♪ a15

Do you know **how to fold** a paper crane?　　あなたは折り鶴の折り方を知っていますか。

ひとまとまりで名詞のはたらき

要点

● 〈how to＋動詞の原形〉は「どのように〜すべきか[〜のやり方]」を表す。

● how to 〜は名詞のはたらきをし，動詞の目的語となる。

プラス 〈疑問詞＋to＋動詞の原形〉でさまざまな「〜すべきか」を表すことができる。

what to 〜「何を〜すべきか」	when to 〜「いつ〜すべきか」
where to 〜「どこで[へ]〜すべきか」	which＋名詞＋to 〜「どちらの[どの](名詞)を〜すべきか」
what time to 〜「何時に〜すべきか」	whose＋名詞＋to 〜「だれの(名詞)を〜すべきか」

Wordsチェック　次の英語は日本語に，日本語は英語になおしなさい。

□(1)　keep 〜ing　（　　　　　　　）　　□(2)　fold　（　　　　　　　）

□(3)　come true　（　　　　　　　）　　□(4)　wish　（　　　　　　　）

□(5)　紙　＿＿＿＿＿＿＿　　□(6)　keep の過去形　＿＿＿＿＿＿＿

□(7)　〜から降りる　＿＿＿＿＿＿＿　　□(8)　〜かなと思う　＿＿＿＿＿＿＿

1 次の英文の下線部を日本語になおしなさい。

(1)　I know when to go.

　　私は（　　　　　　　　　　　　　　　　　）知っています。

(2)　He didn't know what to say.

　　彼は（　　　　　　　　　　　　　　　　　）わかりませんでした。

(3)　I'll show you how to make the cake.

　　私はあなたに（　　　　　　　　　　　　　　　）を教えましょう。

ここが ポイント

(1)〈when to＋動詞の原形〉は「いつ〜すべきか」
(2)〈what to＋動詞の原形〉は「何を〜すべきか」
(3)〈how to＋動詞の原形〉は「どのように〜すべきか」＝「〜のやり方」の意味。

2 次の日本文に合うように，＿＿に適する語を書きなさい。

(1)　私はいつ昼食を食べるべきかがわかりませんでした。

　　I didn't know ＿＿＿＿＿＿ ＿＿＿＿＿＿ eat lunch.

(2)　私はこの漢字の読み方を知っています。

　　I know ＿＿＿＿＿＿ ＿＿＿＿＿＿ read this *kanji*.

(3)　どこに座るべきかあなたに教えましょう。

　　I'll show you ＿＿＿＿＿＿ ＿＿＿＿＿＿ sit.

(4)　何を持ってくるべきかを私に教えてください。

　　Tell me ＿＿＿＿＿＿ ＿＿＿＿＿＿ bring.

まるごと 暗記

・「どこで[へ]〜すべきか」
〈where to＋動詞の原形〉
・「何を〜すべきか」
〈what to＋動詞の原形〉

I will の短縮形 I'll は[ail]と発音するよ。

③ 〔 〕内の語句を並べかえて，日本文に合う英文を書きなさい。

(1) あなたは今，何をするべきかわかりますか。
〔 to / know / you / do / what / do 〕now?
_____ now?

(2) 私たちはそのコンピューターの使い方を習いました。
〔 the computer / how / learned / use / we / to 〕.
_____ .

(3) いつ料理を出すべきかを私に教えてくれますか。
〔 you / me / to / the dish / tell / serve / when / will 〕?
_____ ?

(4) 私はどちらのシャツを買えばよいかがわかりませんでした。
〔 didn't / to / know / shirt / buy / I / which 〕.
_____ .

④ 次の対話が成り立つように，＿＿＿に適する語を書きなさい。

Teacher : Tomorrow is our school trip. Do you know
(1) _____ _____ to come to
school?

Student A : At seven o'clock tomorrow morning. Can you tell
me (2) _____ _____
_____ first?

Teacher : To the gym. Don't be late tomorrow.

Student B : We won't be. See you tomorrow.

⑤ 次の日本文に合うように，＿＿＿に適する語を書きなさい。

(1) 彼はその本を読み続けました。
He _____ _____ the book.

(2) 私は次の停留所でバスを降ります。
I'll _____ _____ the bus at the next
stop.

(3) ついにジェーンの夢が実現しました。
Finally, Jane's dream _____ _____ .

⑥ 次の文の＿＿＿に適する語を〔 〕から選び，書きなさい。

(1) We don't know which _____ to go to for a good
dress.

(2) I'll show you how to play _____ .

(3) Do you know where to _____ my mother for lunch?

(4) I know when to finish my _____ .
〔 tennis homework take shop 〕

確認のワーク ステージ**1** Unit **3** Read & Think

解答 ▶ p.10

Never Forget the Day

読 聞 書 話

📖 教科書の 要点 間接疑問文 / 疑問詞＋to＋動詞の原形（復習） ♪ a16

I know what <u>our mission is</u>.
　　　　　　　　肯定文の語順

私たちの使命は何であるかを，私は知っています。

Her story tells us how tragic that day was.
　　　　　　　　 目的語（人）　 ひとまとまりで tell の目的語

彼女の話は，その日がどれだけ悲惨であったかを私たちに教えてくれます。

要点 **1**

● 疑問詞で始まる疑問文が別の文の中に入ると，〈疑問詞＋主語＋（助）動詞 〜〉の語順となり，動詞の目的語として使われる（間接疑問文）。

● 疑問文に続く場合　When did she come? → Do you know <u>when she came</u>?

●「人に〜するか言う」は〈tell＋人＋疑問詞＋主語＋（助）動詞 〜〉で表す。teach，show なども同じ形をとる。

She didn't know what to do.
　　　　　　　ひとまとまりで名詞のはたらき

彼女は何をするべきかわかりませんでした。

要点 **2**

●〈疑問詞＋to＋動詞の原形〉は「どのように[何を，どこで[へ]，いつ]〜すべきか」を表し，名詞のはたらきをする。know や tell などの動詞の目的語として使われることが多い。

Words チェック 次の英語は日本語に，日本語は英語になおしなさい。

□(1) moment （　　　　　　　） □(2) on fire （　　　　　　　）

□(3) one after another （　　　　　） □(4) carry out 〜 （　　　　　　　）

□(5) 忘れる ＿＿＿＿＿＿ □(6) 経験 ＿＿＿＿＿＿

□(7) 数 ＿＿＿＿＿＿ □(8) 終わる ＿＿＿＿＿＿

□(9) 強い ＿＿＿＿＿＿ □(10) 〜を繰り返して言う ＿＿＿＿＿＿

1 次の日本文に合うように，＿＿＿に適する語を書きなさい。

(1) 私はそこへ行く方法を彼らに教えました。

I showed them ＿＿＿＿＿＿ ＿＿＿＿＿＿ go there.

(2) あなたはミキがどちらの色を好きか知っていますか。

Do you know ＿＿＿＿＿＿ color Miki ＿＿＿＿＿＿?

(3) お母さんに何を買うべきでしょうか。

I wonder ＿＿＿＿＿＿ ＿＿＿＿＿＿ buy for my mother.

(4) 彼はいつ生まれたのか私たちに教えてくれました。

He told us ＿＿＿＿＿＿ he ＿＿＿＿＿＿ born.

ここがポイント

(1)(3)〈疑問詞＋to＋動詞の原形〉を使う。
(2)(4)〈疑問詞＋主語＋（助）動詞〉を使う。

🔊 moment は，最初の音節を強く発音しよう。

2 次の英文を読んで，あとの問いに答えなさい。

Her story tells us ①how tragic that day was.

　She was eight years old when the bomb hit Hiroshima.　②[she / moment / saw / the] the flash of the bomb, her body was thrown to the floor.　She saw "Hell" when she went outside.　Everything was destroyed and on fire.　People's skin was burned and hanging down like rags.　People died one after another.　She didn't know ③(何をするべきか).

flash：せん光　　hell：地獄　　destroy：～を破壊する　　burn：～を焼く　　rag：ぼろきれ

レベルUP (1)　下線部①と同じ意味の how が使われているものを選び，記号を○で囲みなさい。

　　　ア　Tell me how the weather is in Hokkaido today.

　　　イ　We know how kind she is.

　　　ウ　Please show me how you made this.

(2)　下線部②の〔　〕内の語を並べかえて，意味の通る英文にしなさい。

　　　_____

(3)　③の（　）内の日本語を 3 語の英語になおしなさい。

　　　_____

(4)　本文の内容に合うように，次の問いに英語で答えなさい。

　　　1．What does her story tell us?

　　　_____

　　　2．How old was she when the bomb hit Hiroshima?

　　　_____

思い出そう
(1)疑問詞 how
どうやって(方法，手段)
どれくらい(数量，程度)
どんな(様子)

ここがポイント
(2)〈the moment＋主語＋動詞〉で「～するとすぐに」。

注意
(3)「何をするべきか」は〈疑問詞＋主語＋(助)動詞〉または〈疑問詞＋to＋動詞の原形〉で表す。ここでは 3 語で表現できるほうを使う。

Unit 3 Read & Think

よく出る **3**　次の日本文に合うように，＿＿に適する語を書きなさい。

(1)　彼らはその計画を実行するつもりです。

　　　They will _____ _____ the plan.

(2)　その建物は燃えていました。

　　　The building was _____ _____.

(3)　グリーン先生の話を忘れてはいけません。

　　　_____ _____ Ms. Green's story.

(4)　人々が次々とやって来ました。

　　　People came _____ _____ another.

(5)　雨がやむとすぐに，子どもたちは外へ出ました。

　　　_____ _____ the rain stopped, the

　　　children went outside.

まるごと暗記
(1)「～を実行する」は carry out ～。
(2)「燃えて」は on fire。
(3)「～してはいけません」は否定の命令文〈Don't＋動詞の原形〉を使う。
(5)「～するとすぐに」は the moment ～。

確認のワーク　ステージ **1**　**Express Yourself**　被爆体験者の話を読んだ感想を発表しよう。　解答 ▶ p.10　読 聞 書 話

教科書の 要点　被爆体験者の話を読んだ感想を発表する　♪ a17

I **was sad to** know the event.　　　　私はその出来事を知って悲しかった。
〔～して悲しかった〕

We **should** pass down the memory to the next generation.
〔～するべきです〕　　　　私たちはその記憶を次世代に語り継ぐべきだと思います。

要点

● be sad to ～ は「～して悲しい」という意味。
　〈to＋動詞の原形〉で「～して」という意味で，感情の原因を表す。
● 〈should＋動詞の原形〉で「～するべきである，～したほうがよい」という意味を表す。

Words チェック　次の英語は日本語に，日本語は英語になおしなさい。

□(1)　necessary　　（　　　　　　　）　　□(2)　keep peace　　（　　　　　　　）
□(3)　ショックを受けた　＿＿＿＿＿＿＿　　□(4)　大切な　　　＿＿＿＿＿＿＿

1 次の日本文に合うように，＿＿に適する語を書きなさい。

(1)　私はそのニュースを聞いてショックを受けました。
　　I was ＿＿＿＿＿＿ ＿＿＿＿＿＿ hear the news.

(2)　私たちはお互いを理解するべきです。
　　We ＿＿＿＿＿＿ understand ＿＿＿＿＿＿
　　＿＿＿＿＿＿.

(3)　平和について学ぶことは大切です。
　　＿＿＿＿＿＿ about peace is ＿＿＿＿＿＿.

> **ここがポイント**
> (1)「～してショックを受ける」は be shocked to ～で表す。be 動詞は主語の数や時制によってかわる。
> (2)「～するべきである」は助動詞 should を使う。

2 〔　〕内の語を並べかえて，日本文に合う英文を書きなさい。

(1)　私たちは戦争を始めるべきではありません。
　　〔 war / not / a / we / start / should 〕.
　　＿＿＿＿＿＿＿＿＿＿＿＿＿＿＿＿＿＿＿.

(2)　彼女の話はとても役に立ちます。
　　〔 useful / story / is / her / very 〕.
　　＿＿＿＿＿＿＿＿＿＿＿＿＿＿＿＿＿＿＿.

> **ミス注意**
> (1) should の否定形は not を後ろに置き，〈should not＋動詞の原形〉。

necessary と useful は，どちらも最初の部分を強く発音するよ。

確認のワーク　ステージ**1**

Let's Talk 3 道案内 1
Let's Listen 1 機内放送

読 聞
書 話

Express Yourself 〜 Let's Listen 1

教科書の 要点

乗り換えの案内をする
到着時刻や天候などを聞き取る / 文の区切り

♪ a18

Take the Karasuma Line **to** Karasuma Oike.

「〜に乗ってください」　　「〜まで」

鳥丸線に乗って鳥丸御池まで行ってください。

要点 1

● take はここでは「(乗り物)に乗る」という意味。take 〜 to ... で「...まで〜に乗る」。
●「...まで〜に乗ってください」は Take 〜 to .... で表す。

At Karasuma Oike, **change to** the Tozai Line.

「〜に乗りかえてください」

鳥丸御池で東西線に乗りかえてください。

要点 2

●「〜に乗りかえてください」は Change to 〜. で表す。
● 乗りかえの案内でよく使う表現には，他に Get off at 〜.「〜で降りてください」などがある。

Words チェック　次の英語は日本語に，日本語は英語になおしなさい。

□(1) captain 　　　（　　　　　　　）　　□(2) bound for 〜 　（　　　　　　　）

□(3) 路線 　　　＿＿＿＿＿＿＿＿　　□(4) 塔，タワー　　＿＿＿＿＿＿＿＿

□(5) 空港 　　　＿＿＿＿＿＿＿＿　　□(6) 搭乗して　　　＿＿＿＿＿＿＿＿

よく出る **1** 次の対話が成り立つように，＿＿＿に適する語を〔　　〕から選んで
書きなさい。

Man : Excuse me.　Could you (1)＿＿＿＿＿＿＿ me how to

(2)＿＿＿＿＿＿＿ to Sensoji Temple from here?

Yuka : Sure.　(3)＿＿＿＿＿＿＿ the Yamanote Line to Ueno and

(4)＿＿＿＿＿＿＿ to the Ginza Line there.　Get

(5)＿＿＿＿＿＿＿ at Asakusa Station.

Man : Thanks.

〔 off　take　tell　change　get 〕

ミス注意

(2)「〜に着く」の意味。
行き方をたずねるときに
は go to 〜 ではないの
で注意する。

2 次の英文の下線部を日本語になおしなさい。

(1)　This train is <u>bound for</u> Okayama.

この列車は岡山（　　　　　　　　　　　）。

(2)　<u>Could you tell me</u> how to change the buses?

バスの乗りかえ方を（　　　　　　　　　　　）。

表現メモ

(1) bound for 〜 は「〜
行きの」。

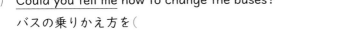

Could you 〜? は下線部をつなげて[kudʒúː]と発音するよ。

確認のワーク ステージ **1** **Project 1** 有名人にインタビューしよう 読聞書話

📖 教科書の **要点** 有名や歴史上の人物へのインタビュー原稿を書いて発表する 🎵 a19

What did you want to be when you were a child?	子どものころ，何になりたかったですか。
What do you think of this event?	このイベントについてどう思いますか。
What is your best memory?	あなたにとって最もよい思い出は何ですか。
Who influenced you the most?	あなたにいちばん影響を与えたのはだれですか。

要点 ⋯⋯⋯⋯⋯⋯⋯⋯⋯⋯⋯⋯⋯⋯⋯⋯⋯⋯⋯⋯⋯⋯⋯⋯⋯⋯⋯⋯⋯
- **What did you want to be?** は「何になりたかったですか」という意味。
- **What do you think of 〜?** は「〜をどう思いますか」という意味。
- **your best memory** は「あなたにとって最もよい思い出」という意味。
- **Who influenced you?** は「あなたに影響を与えたのはだれですか。」という意味。

Words チェック 次の英語は日本語に，日本語は英語になおしなさい。

□(1) place （　　　　　　　） □(2) famous （　　　　　　　）

□(3) could not の短縮形 ＿＿＿＿＿＿＿ □(4) 国 ＿＿＿＿＿＿＿

1 次の日本文に合うように，＿＿に適する語を書きなさい。

(1) あなたのお気に入りの日本食は何ですか。

＿＿＿＿＿＿ is your ＿＿＿＿＿＿ Japanese food?

(2) これまでに，日本で有名なお寺を訪れたことはありますか。

＿＿＿＿＿＿ you ＿＿＿＿＿＿ visited any famous temples in Japan?

(3) 彼女はこの歌がいちばん好きです。

She ＿＿＿＿＿＿ this song the ＿＿＿＿＿＿.

ここがポイント
(1)「お気に入りの〜，好きな〜」は favorite 〜。
(2)「経験」をたずねる現在完了形の文を使う。
(3)「〜がいちばん好きです」は like 〜 the best。

2 次の対話が成り立つように，＿＿に適する語を書きなさい。

A : Which (1)＿＿＿＿＿＿ do you (2)＿＿＿＿＿＿ the best?

B : I like summer the best.

A : (3)＿＿＿＿＿＿ are you going to do in the future?

B : (4)＿＿＿＿＿＿ going to teach Japanese.

ミス注意
(1) B の答えから，好きな季節を質問しているとわかる。
(4) I am の短縮形を使う。

🔊 What are you going to 〜? の文は，to のあとの動詞を強く発音しよう。

❸ 次のようなとき英語でどのように言うか，＿＿＿に適する語を書きなさい。

(1) 子どものころ何になりたかったか，たずねるとき。

＿＿＿＿＿＿ did you ＿＿＿＿＿＿ to be ＿＿＿＿＿＿ you were a child?

(2) いつテニス・プレーヤーになることを決めたのか，たずねるとき。

＿＿＿＿＿＿ ＿＿＿＿＿＿ you decide to be a tennis player?

(3) あなたにいちばん影響を与えたのはだれですか。

Who ＿＿＿＿＿＿ you the ＿＿＿＿＿＿?

(4) あなたにとって最もよい思い出は何ですか。

＿＿＿＿＿＿ is your ＿＿＿＿＿＿ memory?

❹ 次の日本文に合うように，＿＿＿に適する語を書きなさい。

(1) A : ＿＿＿＿ do you think ＿＿＿＿ Japan?（あなたは日本についてどう思いますか。）

B : I think it's a very ＿＿＿＿ ＿＿＿＿.　　（とてもよい国だと思います。）

(2) A : ＿＿＿＿ do you think ＿＿＿＿?　　（なぜそう思いますか。）

B : Because people are ＿＿＿＿ and ＿＿＿＿.　（人々が親切で優しいからです。）

(3) A : How ＿＿＿＿ have you ＿＿＿＿ in Japan?

（日本にはどれくらいの間いますか。）

B : ＿＿＿＿ three months.　　（3 か月です。）

(4) A : Do you ＿＿＿＿ to come to Japan ＿＿＿＿?（もう一度日本に来たいですか。）

B : Of ＿＿＿＿.　　（もちろんです。）

A : ＿＿＿＿ all.　Thank you very much.　（以上です。たいへんありがとうございました。）

レベルUP ❺ 次のような質問をインタビューで聞かれたら，あなたは何と答えますか。英語で書きなさい。

(1) Who do you respect the most?

＿＿＿＿＿＿＿＿＿＿＿＿＿＿＿＿＿＿＿＿＿＿＿＿

(2) What do you want to be in the future?

＿＿＿＿＿＿＿＿＿＿＿＿＿＿＿＿＿＿＿＿＿＿＿＿

❻ あなたが好きな有名人にインタビューするとしたら，どんな質問がしたいですか。

英語で質問する文を 2 つ書きなさい。

(1) ＿＿＿＿＿＿＿＿＿＿＿＿＿＿＿＿＿＿＿＿＿＿＿＿

(2) ＿＿＿＿＿＿＿＿＿＿＿＿＿＿＿＿＿＿＿＿＿＿＿＿

解答 ▶ p.11

定着 のワーク ステージ **2** **Unit 3** 〜 **Project 1**　　読 聞 書 話

🎧 **1 LISTENING** 英語を聞いて，内容に合うものを選び，記号で答えなさい。　♪ 105

ア	イ	ウ	エ
行　先／ソウル	行　先／東京	行　先／ソウル	行　先／東京
便　名／504	便　名／502	便　名／502	便　名／602
飛行時間／04：40	飛行時間／14：40	飛行時間／14：40	飛行時間／14：20

（　　　）

2 次の文の（　）内から適する語句を選び，〇で囲みなさい。

(1) I don't know (what, which, how) to write *haiku*.

(2) Tell me where (you live, live you, do you live).

(3) He told me (what should I, what I should, what) do.

3 次の英文の下線部を日本語になおしなさい。

(1) I know where she is from.

　私は（　　　　　　　　　　　　　　　　）知っています。

(2) Kumi showed me how to open the box.

　クミは私に（　　　　　　　　　　　　　）教えてくれました。

(3) I wonder who painted this picture.

　（　　　　　　　　　　　　　　　　　　）のでしょうか。

よく出る **4** 〔　〕内の語句を並べかえて，日本文に合う英文を書きなさい。

(1) 私は何と言えばいいのかわかりません。

　〔 don't / what / say / I / to / know 〕.

　_____.

(2) いつ演奏を始めるべきか私に教えてください。

　〔 start / when / tell / should / I / me / to perform 〕.

　_____.

よく出る **5** 次の日本文に合うように，＿＿＿に適する語を書きなさい。

(1) 私は奈良を訪れるのを楽しみにしています。

　I'm looking ＿＿＿＿＿＿＿ ＿＿＿＿＿＿＿ visiting Nara.

(2) どちらが私にとって役立つのかなと思う。

　I ＿＿＿＿＿＿＿ which will be useful for me.

(3) どこでそれを買うべきか私に教えてくださいますか。

　＿＿＿＿＿＿＿ you tell me ＿＿＿＿＿＿＿ to buy it?

重要ポイント

1 どんな場面で話されているのかに注目する。

2 (1) how to「〜のやり方」。

テストに◎出る！
(2)(3)間接疑問文。疑問詞のあとは〈主語＋(助)動詞〉の語順。

3 (3)疑問詞 who が主語の間接疑問文なので，〈疑問詞（＝主語）＋動詞〉。

4 (1)〈疑問詞＋to＋動詞の原形〉のまとまりを作る。

(2)疑問詞のあとは〈主語＋助動詞＋動詞〉の語順。

5 (1)「〜するのを楽しみに待つ」は look forward to 〜ing。

得点力を UP

look を使った連語
look at 〜「〜を見る」
look for 〜「〜をさがす」
look like 〜「〜のように見える」

(2)「〜かなと思う」という動詞を使う。確信がもてない場合の表現。

6 次の対話文を読んで，あとの問いに答えなさい。

Chen : Do you ①〔 go / we're / to / know / going / where 〕
on the school trip?

Aoi : Yes, I do. ②(　　　　)(　　　　)(　　　　) visit Hiroshima.

Chen : I know that atomic bombs were dropped on Hiroshima
and Nagasaki ③during World War II.

Aoi : (　④　)

レベルUP (1) 下線部①の〔　〕内の語を並べかえて，意味の通る英文にしなさい。

Do you ＿＿＿＿＿＿＿＿＿＿＿＿＿ on the school trip?

(2) 下線部②が「私たちは広島を訪れる予定です」という意味になるように( )に適する語を書きなさい。

＿＿＿＿＿＿＿　＿＿＿＿＿＿＿　＿＿＿＿＿＿＿

(3) 下線部③を日本語になおしなさい。

(　　　　　　　　　　　　　　　　　　　　　　　)

(4) 空欄④に入れるのに適するものをア〜ウから選び，記号を○で囲みなさい。

ア　Yes, I have.　　イ　You'll know.　　ウ　That's right.

7 次の各組がほぼ同じ内容を表すように，＿＿に適する語を書きなさい。

(1) { Jim can't play the violin.
Jim doesn't know ＿＿＿＿＿＿＿ ＿＿＿＿＿＿＿ play the
violin. }

(2) { Tell me where to go.
Tell me where I ＿＿＿＿＿＿＿ ＿＿＿＿＿＿＿. }

レベルUP (3) { I know when your birthday is.
I know ＿＿＿＿＿＿＿ you were ＿＿＿＿＿＿＿. }

8 次の日本文を英語になおしなさい。

(1) どこに座ればいいか私に教えてください。(to を使って)

＿＿＿＿＿＿＿＿＿＿＿＿＿＿＿＿＿＿＿＿＿＿＿

よく出る (2) 私は昨日あなたが何をしたのか知っています。

＿＿＿＿＿＿＿＿＿＿＿＿＿＿＿＿＿＿＿＿＿＿＿

(3) 彼女は，どちらを選ぶべきか私に教えてくれました。
(to を使って)

＿＿＿＿＿＿＿＿＿＿＿＿＿＿＿＿＿＿＿＿＿＿＿

重要ポイント

6 (1)〈疑問詞＋主語＋動詞〉を含む文。
(2)空欄の数から，未来の予定は〈be going to＋動詞の原形〉で表す。We are は短縮形を使う。

7 (1)「バイオリンをひくことができない」
→「バイオリンのひき方を知らない」
(2) where 以下はともに「どこへ行くべきか」を表す。「〜すべきである」は should を使う。
(3) birthday「誕生日」
→「いつ生まれたのか」

8 (1)「どこに座ればいいか」は〈疑問詞＋to＋動詞の原形〉で表す。
(2)「あなたが何をしたのか」は〈疑問詞＋主語＋動詞〉の語順で表す。
(3)疑問詞「どちら」は which を使う。「〜を選ぶ」は choose。

ちょっとBREAK　アメリカでは地下鉄を subway と言います。イギリスでは何と言うでしょう？　➡答えは次のページ

Unit 3 〜 Project 1

解答 p.11

実力判定テスト **ステージ 3** Unit 3 〜 Project 1

30分 /100

読|聞
書|話

🎧 **1** LISTENING 次の英語を聞いて，その応答として適するものを 1 つ選び，記号で答えなさい。

106 2点×3(6点)

(1) ア　You're welcome.
イ　My birthday is April 8.
ウ　She told me how to do it.
エ　I want a new bag.　　　（　　）

(2) ア　Yes, I could tell it well.
イ　Take this bus and get off at Ekimae stop.
ウ　You can get it at the shop.
エ　Thank you. That looks nice.　　　（　　）

(3) ア　Yes.　I know it'll be easy.
イ　We'll have it in our classroom.
ウ　No.　Let's ask Mr. Green.
エ　I don't know the English word.　　　（　　）

2 次の日本文に合うように，＿＿に適する語を書きなさい。

3点×4(12点)

(1) リサはその手紙を受け取るとすぐに開けました。
＿＿＿＿＿＿ ＿＿＿＿＿＿ Lisa got the letter, she opened it.

(2) 十三駅で神戸線に乗り換えてください。
At Juso Station, ＿＿＿＿＿＿ ＿＿＿＿＿＿ the Kobe Line.

(3) 植物園にはどうやって行けばよいですか。
Could you tell me ＿＿＿＿＿＿ ＿＿＿＿＿＿ get ＿＿＿＿＿＿ the botanical garden?

(4) [(3)に答えて]　烏丸線に乗ってください。北山で降りてください。
＿＿＿＿＿＿ the Karasuma Line. ＿＿＿＿＿＿ ＿＿＿＿＿＿ at Kitayama.

3 次の各組がほぼ同じ内容を表すように，＿＿に適する語を書きなさい。

4点×2(8点)

(1) { I don't know the place to visit in Kyoto.
{ I don't know ＿＿＿＿＿＿ ＿＿＿＿＿＿ visit in Kyoto.

(2) { Will you tell us when we should come?
{ Will you tell us ＿＿＿＿＿＿ ＿＿＿＿＿＿ come?

4 〔　〕内の語句を並べかえて，日本文に合う英文を書きなさい。ただし，1 語補うこと。

(1) 私はどの映画を見るべきかわかりません。

5点×3(15点)

〔 which / don't / watch / I / know / movie 〕.
＿＿＿＿＿＿＿＿＿＿＿＿＿＿＿＿＿＿＿＿＿＿.

(2) 私たちはどこで昼食を食べるべきでしょうか。
〔 we / eat / should / I / lunch / wonder 〕.
＿＿＿＿＿＿＿＿＿＿＿＿＿＿＿＿＿＿＿＿＿＿.

(3) ミキは折り鶴の折り方を子どもたちに教えました。
〔 fold / Miki / the children / to / a paper crane / showed 〕.
＿＿＿＿＿＿＿＿＿＿＿＿＿＿＿＿＿＿＿＿＿＿.

ちょっとBREAK の答え　undergroundと言います。イギリスでは subway は「地下道」の意味です。

目標 ●疑問文が別の文の中に含まれる文の語順に注意しましょう。

自分の得点まで色をぬろう！

☹がんばろう！　😐もう一歩　😊合格！

0　　　　　　　60　80　100点

5 次の対話文を読んで，あとの問いに答えなさい。 (計25点)

Sora : This statue stands in the Hiroshima Peace Memorial Park. ①It was modeled after Sadako. ②Have you ever heard of Sadako?

Emily : Yes.　Ms. Bell told me (③) she was.　She was one of the atomic bomb victims.

(1) 下線部①の It が指すものを本文中より１語で抜き出しなさい。 (4点)

＿＿＿＿＿＿＿＿

(2) 下線部②を日本語になおしなさい。 (5点)

（　　　　　　　　　　　　　　　　　　　　　　　　　 ）

(3) ③の( )に適する語を書きなさい。 (4点)

＿＿＿＿＿＿＿＿

レベルUP (4) 次のア～ウの文が本文の内容と合っていれば○，異なっていれば×を書きなさい。

4点×3(12点)

ア　There is a statue of Sadako in the Hiroshima Peace Memorial Park. （　　）

イ　Emily doesn't know who Sadako is. （　　）

ウ　Sadako died because of the atomic bomb. （　　）

6 次の対話が成り立つように，＿＿＿に適する語を書きなさい。 4点×4(16点)

A : What's your (1)＿＿＿＿＿＿＿ Japanese food?

B : I like *sushi* very much.

A : Have you (2)＿＿＿＿＿＿＿ visited any interesting places in Nara?

B : Yes, I have.　I've visited Todaiji Temple, Nara Park and so on.

レベルUP *A :* What are you (3)＿＿＿＿＿＿＿ to do in Australia?

B : I haven't decided yet.　I don't know what (4)＿＿＿＿＿＿＿ do there.

よく出る 7 次の日本文を英語になおしなさい。 6点×3(18点)

(1) 私は彼の誕生日がいつなのか知りません。

＿＿＿＿＿＿＿＿＿＿＿＿＿＿＿＿＿＿＿＿＿＿＿

(2) いちばん近い郵便局への行き方を教えてくださいませんか。（to を使って）

＿＿＿＿＿＿＿＿＿＿＿＿＿＿＿＿＿＿＿＿＿＿＿

(3) あなたはどこで電車を降りるべきか知っていますか。（to を使って）

＿＿＿＿＿＿＿＿＿＿＿＿＿＿＿＿＿＿＿＿＿＿＿

確認のワーク　ステージ 1　Unit 4　Society for All ①　読聞書話

教科書の 要点 「人[ものごと]を〜にする」の文 ♪a20

The ramps make many people happy.
目的語 ＝ 補語(形容詞)

そのスロープは多くの人々を
幸せにします。

要点

● 「人[ものごと]を〜にする」は〈make＋人[ものごと]＋形容詞〉で表す。
● この文は〈主語＋動詞＋目的語＋補語〉で,「目的語＝補語」の関係になる。

People(主語)＝happy(補語)

〈主語＋動詞＋補語〉の文　People　look　happy.

〈主語＋動詞＋目的語＋補語〉の文　The statue makes me happy.

me(目的語)＝happy(補語)

Wordsチェック 次の英語は日本語に, 日本語は英語になおしなさい。

□(1)　society　（　　　　　　　）　□(2)　classical　（　　　　　　　）
□(3)　wheelchair　（　　　　　　　）　□(4)　stair　（　　　　　　　）
□(5)　春　＿＿＿＿＿＿＿　□(6)　〜を借りる　＿＿＿＿＿＿＿

1 絵を見て例にならい,「〜は私を…にします」という文を書きなさい。

music / happy

soccer / excited

the story / sad

the movie / bored

例　Music makes me happy.

(1)　Soccer ＿＿＿＿＿＿ me ＿＿＿＿＿＿ .

(2)　The story ＿＿＿＿＿＿＿＿＿＿＿＿＿＿＿ .

(3)　The movie ＿＿＿＿＿＿＿＿＿＿＿＿＿＿＿ .

ここがポイント

「…が人[ものごと]を〜
にする」は〈make＋人
[ものごと]＋形容詞〉で
表す。

2 次の日本文に合うように, ＿＿＿ に適する語を書きなさい。

(1)　これらの歌は私たちをわくわくさせます。

These songs ＿＿＿＿＿＿ ＿＿＿＿＿＿ excited.

(2)　その本は彼を眠くさせます。

The book ＿＿＿＿＿＿ ＿＿＿＿＿＿ sleepy.

(3)　彼のことばは私たちをがっかりさせました。

His words ＿＿＿＿＿＿ ＿＿＿＿＿＿ disappointed.

ミス注意

(2)主語が三人称単数なの
で, make に s をつける。
(3)「〜させました」なの
で make の過去形を使う。

 happy, angry, classical の下線部の発音はどれも[æ]だよ。

3 〔　〕内の語句を並べかえて，日本文に合う英文を書きなさい。

(1) この音楽を聞くと私は気分がリラックスします。

〔 makes / relaxed / me / this music 〕.

_____ .

(2) そのニュースを知って彼らは驚きました。

〔 surprised / them / made / the news 〕.

_____ .

(3) 彼はあなたの手紙を読んでよろこびました。

〔 happy / him / made / your letter 〕.

_____ .

(4) その物語の終わりは私たちをがっかりさせました。

〔 made / the story / the end / of / disappointed / us 〕.

_____ .

4 次の各組の文がほぼ同じ内容を表すように，＿＿に適する語を書きなさい。

(1) {
I was excited when I saw the anime.
The anime _____ _____ excited.
}

(2) {
She was sad to hear the story.
The story _____ her _____ .
}

5 次の日本文に合うように，＿＿に適する語を書きなさい。

(1) この辞書はあなたに役立つでしょう。

This dictionary will be _____ to you.

(2) 他の国について学ぶことは楽しいです。

_____ is fun _____ learn about other countries.

(3) あなたのペンを借りてもいいですか。

May _____ _____ your pen?

6 （　）内の日本語を参考に，＿＿に適する語を書きなさい。

(1) The game _____ the players _____ . （緊張させる）

(2) A lot of homework _____ him _____ . （疲れさせた）

(3) The movie _____ us _____ . （眠くさせる）

(4) His words _____ me _____ . （怒らせた）

(5) The story _____ Jane _____ . （悲しませた）

ここがポイント

(1)「聞くと」，(2)「知って」，(3)「読んで」といった日本語にとらわれずに，意味を考えて「…が人[ものごと]を～にする[した]」の文で表す。

まるごと暗記

気持ち・状態を表す形容詞
● bored「たいくつな」
● excited「わくわくした，興奮した」
● relaxed「リラックスした」
● hungry「お腹がすいた」

ここがポイント

(1)「そのアニメを見たとき私はわくわくした」→「そのアニメは私をわくわくさせた」
(2)「彼女はその話を聞いて悲しかった」→「その話は彼女を悲しくさせた」

表現メモ

(3)「～を借りる」は borrow ～。

Unit 4

確認のワーク　ステージ 1　**Unit 4　Society for All ②**　読 聞 書 話

解答 ▶ p.12

📖 教科書の **要点**　「人に〜してほしい」の文　♪ a21

I want <u>more people</u> <u>to know</u> about assistance dogs.

to 以下を行う人　してほしいこと　私は，もっと多くの人々に補助犬について知ってほしいと思っています。

要点

● 「人に〜してほしい」は，〈want＋人＋to＋動詞の原形 〜〉で表す。

● 人が代名詞のときは目的格(〜を[に]の形)となる。

プラス　・「人に〜するように言う」は〈tell＋人＋to＋動詞の原形 〜〉で表す。

　例　My mother tells me to get up early.　（母は私に早起きするように言います。）

　・「人に〜するように頼む」は〈ask＋人＋to＋動詞の原形 〜〉で表す。

　例　My brother asked me to help him.　（兄は私に彼を手伝うように頼みました。）

Words チェック　次の英語は日本語に，日本語は英語になおしなさい。

□(1)　assistance dog　（　　　　　　　）　□(2)　allow 〜 to …　（　　　　　　　）

□(3)　partner　（　　　　　　　）　□(4)　disability　（　　　　　　　）

□(5)　（〜に）…を頼む　＿＿＿＿＿＿　□(6)　塩　＿＿＿＿＿＿

□(7)　目が覚める,起きる　＿＿＿＿＿＿　□(8)　〜を起こす　＿＿＿＿＿＿

1 次の( )内から適する語を選んで，〇で囲みなさい。

(1)　I want (he,　him,　his) to play the guitar.

(2)　He wants Lisa (goes,　go,　to go) to a movie with him.

(3)　Mr. Brown told (we,　us,　our) to speak in English.

(4)　My brother told me (clean,　to clean,　cleaning) my room.

ここがポイント

「人に〜してほしい[〜するように言う]」の文は〈want [tell]＋人＋to＋動詞の原形〜〉の形。want[tell] のあとの人称代名詞は目的格にする。

よく出る 2 次の日本文に合うように，＿＿＿に適する語を書きなさい。

(1)　私たちはユキによい看護師になってほしいと思っています。

　　We want Yuki ＿＿＿＿＿＿ ＿＿＿＿＿＿ a good nurse.

(2)　佐藤先生は彼らにレポートを書くように言いました。

　　Ms. Sato told them ＿＿＿＿＿＿ ＿＿＿＿＿＿ their

　reports.

(3)　父は私に8時までに帰宅するように言います。

　　My father ＿＿＿＿＿＿ ＿＿＿＿＿＿ ＿＿＿＿＿＿

　get home by eight.

(4)　ジュディは父親にギターを買ってくれるように頼みました。

　　Judy ＿＿＿＿＿＿ her father ＿＿＿＿＿＿

　＿＿＿＿＿＿ a guitar.

ミス注意

(1)「〜になる」は be で表す。

(3)主語が三人称単数の現在形。

表現メモ

get を含む連語

get home「帰宅する」

get off 〜「〜を降りる」

get on 〜「〜に乗る」

get to 〜「〜に着く」

get up「起きる」

🔈 allow, town, tower の下線部は[au]と発音するよ。

3 次の英文の下線部を日本語になおしなさい。

(1) I want her to help me with my homework.

私は彼女に（　　　　　　　　　　　　　　　）ほしいです。

(2) My mother told me to wash my hands.

母は私に（　　　　　　　　　　　　　　　）言いました。

(3) Kenji asked me to open the window.

ケンジは私に（　　　　　　　　　　　　　　　）頼みました。

〈tell＋人＋to＋動詞の原形〉は「人に～するように言う」で，命令的な意味を表す。

4 〔　〕内の語句を並べかえて，日本文に合う英文を書きなさい。

(1) あなたは彼に来てほしいですか。

〔 him / come / you / to / want / do 〕？

_____？

(2) グリーン先生は私たちにこの本を読むように言いました。

〔 us / read / Mr. Green / this book / to / told 〕．

_____．

(3) 父は私に郵便局へ行くよう頼みました。

〔 asked / go / me / my father / post office / the / to / to 〕．

_____．

(1)「あなたは～ですか」なので主語は you。一般動詞の疑問文なので Do で始め，him は want のあとに置く。

Unit 4

5 次の日本文に合うように，＿＿に適する語を書きなさい。

(1) 塩を渡してくれませんか。

Will you ＿＿＿＿＿＿ me the ＿＿＿＿＿＿？

(2) 私がコンサートに行くのを許可してください。

Please ＿＿＿＿＿＿ me ＿＿＿＿＿＿ go to the concert.

(3) 母は私を 6 時に起こします。

My mother ＿＿＿＿＿＿ me ＿＿＿＿＿＿ at six.

(4) ケンはいっしょにテニスをするパートナーです。

Ken is my ＿＿＿＿＿＿ to ＿＿＿＿＿＿ tennis with.

表現メモ

● pass ～
　「～を手渡す」
● allow ～ to ...
　「～が…するのを許可する」
● wake ～ up
　「～を起こす」

6 メモを見て例にならい，「私はクミに～してほしいです」の文を書きなさい。

メモ	メモ	メモ
例　ピアノを弾いてほしい	(1)歌を歌ってほしい	(2)踊り方を教えてほしい

例　I want Kumi to play the piano.

(1) I ＿＿＿＿＿＿ Kumi ＿＿＿＿＿＿ a song.

(2) I want Kumi ＿＿＿＿＿＿＿＿＿＿＿＿＿．

確認のワーク ステージ **1** Unit 4 Society for All ③ 読聞書話

📖 教科書の 要点 「人が〜するのを手伝う」の文 🎵 a22

These features **help** people **use** the restrooms.

「人が〜するのを手伝う」〈help＋人＋動詞の原形〉

これらの特徴は人々がそのトイレを使う手助けをします。

要点
● 「人が〜するのを手伝う」は〈help＋人＋動詞の原形〉で表す。

Words チェック 次の英語は日本語に，日本語は英語になおしなさい。

□(1) feature （　　　　　　　　　） □(2) multipurpose （　　　　　　　　　）

□(3) could not の短縮形 ＿＿＿＿＿＿＿＿ □(4) 広く ＿＿＿＿＿＿＿＿

1 次の表には，各人物が手伝った相手，手伝ったことが書かれています。例にならい，「－は〜が…するのを手伝いました」という文を書きなさい。

人物	相手	手伝ったこと
David	his father	plant a tree
Mariko	her teacher	move the chairs
Shun	an old woman	carry her heavy bag
Judy	her sister	make a pie
Misa	the tourists	change trains

例 David helped his father plant a tree.

(1) Mariko helped ＿＿＿＿＿＿＿＿＿＿＿＿＿＿＿＿＿.

(2) Shun ＿＿＿＿＿＿＿＿＿＿＿＿＿＿＿＿＿＿＿.

(3) Judy ＿＿＿＿＿＿＿＿＿＿＿＿＿＿＿＿＿＿＿.

(4) Misa ＿＿＿＿＿＿＿＿＿＿＿＿＿＿＿＿＿＿＿.

ここが ポイント
「人が〜するのを手伝う」は〈help＋人＋動詞の原形〉の語順。

2 次の日本文に合うように，＿＿に適する語を書きなさい。

(1) 私は彼が英語でEメールを書くのを手伝いました。

I ＿＿＿＿＿＿ him ＿＿＿＿＿＿ an e-mail in English.

(2) 彼女は弟が部屋の掃除をするのを手伝いました。

She ＿＿＿＿＿＿ her brother ＿＿＿＿＿＿ his room.

(3) マイクは私が数学を勉強するのをよく手伝ってくれます。

Mike often ＿＿＿＿＿＿ me ＿＿＿＿＿＿ math.

(4) この箱を運ぶのを手伝ってくれませんか。

Will you ＿＿＿＿＿＿ me ＿＿＿＿＿＿ this box?

ミス注意
(3)主語が三人称単数で，現在形の文であることに注意。

🔍 feature と teacher。下線部はどちらも[tʃər]と発音するよ。

3 〔 〕内の語句を並べかえて，日本文に合う英文を書きなさい。

(1) 私は母が皿を洗うのを手伝います。

〔 my / the / wash / I / mother / dishes / help 〕.

_____.

(2) その標識は私たちがお寺を見つけるのを助けました。

〔 the temple / the sign / find / us / helped 〕.

_____.

(3) あなたがそのテーブルを運ぶのをだれが手伝ったのですか。

〔 you / the table / who / carry / helped 〕?

_____?

ミス注意

(3)主語を問う疑問文 Who 〜?「だれが〜」。Who 以下はふつうの語順。

4 次の英文を日本語になおしなさい。

(1) My brother sometimes helps me do my homework.

(_____)

(2) She helped an American find the way to the museum.

(_____)

5 次の日本文に合うように，____ に適する語を書きなさい。

(1) 彼は広い海を見てわくわくしました。

He was excited _____ see the _____ sea.

(2) リサは消しゴムを見つけることができませんでした。

Lisa _____ _____ her eraser.

(3) この製品は使うのが簡単です。

This product is _____ _____ use.

(4) その新しい携帯電話にはいろいろな特徴があります。

The new cell phone has _____ _____.

表現メモ

(1)「〜して」という感情の原因は〈to＋動詞の原形〉で表す。
(2) could not の短縮形は couldn't。
(3)「〜するのが…だ」〈形容詞＋to＋動詞の原形〉で表す。

Unit 4

WRITING Plus ✏

次の各問いに対して，あなた自身の答えを英語で書きなさい。

(1) Do you help your family cook dinner?

_____

(2) Have you ever helped an old person get off the bus?

_____

(3) What can you do to help your friends?（〈help＋人＋動詞の原形〉を使って答える）

_____

解答 ▶ p.13

確認のワーク ステージ 1 Unit 4 Read & Think Braille Blocks Story

読 聞 書 話

教科書の 要点 「人が〜するのを助ける」などの文（復習） ♪ a23

They help visually impaired people walk on streets and platforms.

それらは目の不自由な人々が通りやプラットフォームを歩くのを助けます。

要点 1

● 「人が〜するのを助ける」は〈help＋人＋動詞の原形〉で表す。

He **wanted** them **to walk** safely.

to 以下を行う人　　してほしいこと

彼は，彼らに安全に歩いてほしいと思いました。

Miyake **made streets** safe for many visually impaired people.

目的語 ＝ 補語（形容詞）

三宅さんは，道を多くの目の不自由な人々にとって安全なものにしました。

要点 2

● 「人に〜してほしい」は〈want＋人＋to＋動詞の原形〉で表す。

● 人が代名詞のときは目的格（〜を［に］の形）となる。

● 「人に〜するように言う」は〈tell＋人＋to＋動詞の原形〉，
　「人に〜するように頼む」は〈ask＋人＋to＋動詞の原形〉で表す。

● 「（人［ものごと］）を〜にする」は〈make＋人［ものごと］＋形容詞〉で表す。
　この文は〈主語＋動詞＋目的語＋補語〉「目的語＝補語」の関係になる。

Words チェック　次の英語は日本語に，日本語は英語になおしなさい。

□(1) safe 　　　　(　　　　　) 　　□(2) dangerous 　　(　　　　　)

□(3) one day 　　(　　　　　) 　　□(4) visually impaired (　　　　　)

□(5) be proud of 〜 (　　　　　) 　　□(6) foot の複数形 _____

□(7) ほとんど 　_____ 　　□(8) 〜以上の 　_____

1 次の文の（　）内から適する語句を選び，○で囲みなさい。

(1) I want you (be, being, to be) a singer.

(2) Mr. Mori (spoke, told, talked) us to study hard.

(3) The news (helped, made, wanted) her happy.

(4) My mother asked me (open, opening, to open) the door.

(5) He often (help, helps, to help) me do my homework.

ここがポイント

(2)〈tell＋人＋to＋動詞の原形〉で「人に〜するように言う」。speak や talk はこの形にできない。

gave, came, dangerous の下線部はどれも [ei] だよ。

2 次の英文を読んで，あとの問いに答えなさい。

Braille blocks ①(become) popular across Japan, and later ②they went overseas. Now they are used in ③(〜以上の) 75 countries and areas ④(〜のような) Taiwan, Spain, and the USA. Miyake ⑤made streets safe for many visually impaired people. ⑥I'm very proud of him.

(1) ①の（ ）内の語を適する形にかえなさい。 ＿＿＿＿＿＿＿＿＿

(2) 下線部②が指すものを本文中より2語で抜き出して書きなさい。

＿＿＿＿＿＿ ＿＿＿＿＿＿＿＿

(3) ③，④の（ ）内の日本語をそれぞれ2語の英語になおしなさい。

③ ＿＿＿＿＿＿＿ ＿＿＿＿＿＿＿

④ ＿＿＿＿＿＿＿ ＿＿＿＿＿＿＿

(4) 下線部⑤と同じ用法の made を含む文をア〜ウから選び，記号を〇で囲みなさい。

ア He made a song.

イ This song is made by him.

ウ The song made him relaxed.

UP (5) 下線部⑥を日本語になおしなさい。

（ ＿＿＿＿＿＿＿＿＿＿＿＿＿＿＿＿＿＿＿＿＿ ）

> **まるごと暗記**
> 「〜以上の」
> more than 〜
> 「〜のような」
> such as 〜

> **ここがポイント**
> (5) be proud of 〜は「〜をほこりに思う」。

Unit 4 Read & Think

3 次の日本文に合うように，＿＿に適する語を書きなさい。

(1) 私はもう少しで転びそうになりました。

I ＿＿＿＿＿＿＿＿＿ fell down.

(2) その2つの間の違いがわかりますか。

Can you see the ＿＿＿＿＿＿＿＿ ＿＿＿＿＿＿＿＿ the two?

(3) ある日，私はイヌを連れた老人に会いました。

＿＿＿＿＿＿＿＿ ＿＿＿＿＿＿＿＿, I met an old man with a dog.

> **表現メモ**
> ● almost
> 「ほとんど〜，もう少しで〜するところ」
> ● difference
> 「違い」（名詞）
> 形容詞は different
> 「違う〜」

4 （ ）内の日本語を参考に，＿＿に適する語を書きなさい。

(1) I ＿＿＿＿＿＿＿＿ Keita ＿＿＿＿＿＿＿＿ the desk. （運ぶのを手伝った）

(2) The movie ＿＿＿＿＿＿＿＿ ＿＿＿＿＿＿＿＿ bored. （彼女を退屈させた）

(3) She ＿＿＿＿＿＿＿＿ the letter ＿＿＿＿＿＿＿＿ arrive soon.

（その手紙がすぐに届いてほしいと思っている）

(4) Ms. Smith always ＿＿＿＿＿＿＿＿ us ＿＿＿＿＿＿＿＿ ＿＿＿＿＿＿＿＿ to English every day. （英語を聞くように言う）

 すべての人にとって使いやすい
道具・設備を紹介しよう。

解答 ▶ p.14

読 聞
書 話

📖 教科書の 要点 　すべての人にとって使いやすい道具・設備を紹介する 🎵 a24

I'll talk about special bags.
[〜について話します]

私は特別なバッグについて話します。

These bags are light and small.

これらのバッグは軽くて小さいです。

So they are useful for your shopping and your trip.
[だから]

だから買い物や旅行に役に立ちます。

要点
● I'll は I will の短縮形。「〜するつもりです」という未来を表す。
● 文頭の so は「だから〜」を意味することがある。

Wordsチェック　次の英語は日本語に，日本語は英語になおしなさい。

□(1) scissors （　　　　　　　） □(2) bump （　　　　　　　）
□(3) 年配の ＿＿＿＿＿＿ □(4) スイッチ ＿＿＿＿＿＿
□(5) 自動ドア ＿＿＿＿＿＿ □(6) 動く歩道 ＿＿＿＿＿＿

1 次の日本文に合うように，＿＿＿に適する語を書きなさい。

(1) 私はスロープについて話します。
＿＿＿＿ ＿＿＿＿ ＿＿＿＿ ramps.

(2) みんながその標識を理解できます。
Everyone can ＿＿＿＿ the sign.

(3) だからそれらは子どもたちが安全に遊ぶのを助けます。
＿＿＿＿ they ＿＿＿＿ children play safely.

まるごと暗記
●「〜について話します」
I'll talk about 〜
●「だから〜」
so 〜

2 〔　〕内の語句を並べかえて，日本文に合う英文を書きなさい。

(1) 私はノンステップバスについて話します。
〔 a / about / I'll / low-floor bus / talk 〕.

＿＿＿＿＿＿＿＿＿＿＿＿.

(2) だから，それは目の不自由な人が情報を得るのを助けます。
〔 get / blind people / helps / it / information / so 〕.

＿＿＿＿＿＿＿＿＿＿＿＿.

ミス注意
(2)「人が〜するのを助ける」は〈help＋人＋動詞の原形〉の語順。

🔊 shampoo は最後を強く発音しよう。

文法 のまとめ② 間接疑問文 / 疑問詞＋不定詞

解答 p.14

読 聞
書 話

まとめ

①　〈how[what, where, when, why]＋主語＋(助)動詞〜〉の表現

●〈疑問詞＋主語＋(助)動詞 〜〉は「どのように[何を，どこで[へ]，いつ，なぜ]〜なのか」を表し，文の目的語になる(間接疑問文)。

I know **who that boy is**. （私はあの男の子がだれか知っています。）

●疑問文に続く場合　　Where does she live? （彼女はどこに住んでいますか。）
　　　　　　　　　　Do you know **where she lives**? （彼女がどこに住んでいるか知っていますか。）

●疑問詞が主語の間接疑問文では〈疑問詞(＝主語)＋(助)動詞 〜〉の語順。

　　　　　　　Who made this?　（だれがこれを作ったのですか。）
　　　　　　　↓　　　↓　　　↓ 同じ語順
　　I know **who made this**. （だれがこれを作ったか知っています。）

②　〈how[what, where, when]＋to 〜〉の表現

●〈疑問詞＋to＋動詞の原形〉は「どのように[何を，どこで[へ]，いつ]〜すべきか」を表し，文の目的語になる。

I don't know **what to do**. （私は何をしたらよいのかわかりません。）

〈疑問詞＋主語＋(助)動詞〜〉や〈疑問詞＋to＋動詞の原形〉を目的語として使う動詞には **know, tell, ask, show, wonder** などがある。

練習

1 次の日本文に合うように，　　に適する語を書きなさい。

(1) この英単語の読み方を私に教えてください。

Tell me ＿＿＿＿＿＿ ＿＿＿＿＿＿ read this English word.

(2) 私たちはエレンがどこ出身なのか知りません。

We don't know ＿＿＿＿＿ Ellen is ＿＿＿＿＿ .

(3) 彼は私にいつ来ればいいのかたずねました。

He asked me ＿＿＿＿＿ he ＿＿＿＿＿ come.

(4) 誕生日にはミキに何をあげたらいいかしら。

I wonder ＿＿＿＿＿＿ ＿＿＿＿＿＿ give Miki for her birthday.

2 次の各組の文がほぼ同じ内容を表すように，　　に適する語を書きなさい。

(1) { He didn't know what to write.
　　{ He didn't know what ＿＿＿＿＿＿ ＿＿＿＿＿ write.

(2) { Yuka can't cook *sukiyaki*.
　　{ Yuka doesn't know ＿＿＿＿＿＿ ＿＿＿＿＿ cook *sukiyaki*.

Express Yourself 〜 文法のまとめ 2

文法 のまとめ③ さまざまな文の形

解答 ▶ p.14

読 聞 書 話

まとめ

① 〈主語＋動詞＋目的語＋形容詞〉の文

The movie　made　me　happy.　（その映画は私を幸せにしました。）

動詞　目的語　形容詞
「人・もの」「気持ち・状態」

● 「…(人・もの)を～(形容詞)の状態にする」の文。

〈make＋(代)名詞＋形容詞〉の形で使う。

● 他に〈paint＋(代)名詞＋形容詞〉「…を～に塗る」などがある。

例 I painted the chair blue.　（私はそのイスを青く塗りました。）

② 〈主語＋動詞＋目的語＋to＋動詞の原形〉の文

I　want　you　to　help　me.　（私はあなたに手伝ってほしいです。）

動詞　目的語　to＋動詞の原形
「to 以下を行う人」「してほしいこと」

● 「人[もの]に～してほしい」の文。

〈want＋人[ものごと]＋to＋動詞の原形〉の形で使う。

● tell, ask なども同じ形をとる。

「人に～するように言う」は〈tell＋人＋to＋動詞の原形〉で表す。

例 She told me to be quiet.　（彼女は私に静かにするように言いました。）

「人に～するように頼む」は〈ask＋人＋to＋動詞の原形〉で表す。

例 She asked me to be quiet.　（彼女は私に静かにするように頼みました。）

③ 〈主語＋動詞＋目的語＋動詞の原形〉の文

He　helped　his father　wash the car.　（彼はお父さんが車を洗うのを手伝いました。）

動詞　目的語　動詞の原形
「人・もの」「手伝うこと」

● 「人[ものごと]が～するのを手伝う」の文。

〈help＋人[ものごと]＋動詞の原形〉の形で使う。

● let なども同じ形をとる。

「人[ものごと]に～させる」は〈let＋人[もの]＋動詞の原形〉で表す。

例 He let his brother use his bike.　（彼は弟に彼の自転車を使わせました。）

練習

よく出る ① 次の文の（ ）内から適する語句を選び，〇で囲みなさい。

(1) The story (was / made / took) me sleepy.

(2) Ms. Mori (tells / speaks / says) us to study hard.

(3) I want you (cooks / to cook / cooked) dinner.

(4) Did you help Tom (found / finding / find) his pen?

2 次の日本文に合うように，＿＿＿に適する語を書きなさい。

(1) 私はあなたにこの歌を歌ってほしい。

I want you ＿＿＿＿＿＿ ＿＿＿＿＿＿ this song.

(2) 私は彼女に英語を話してくれるように頼みました。

I ＿＿＿＿＿ her ＿＿＿＿＿ speak English.

(3) ヤマダ先生は私たちに静かにするように言いました。

Mr. Yamada ＿＿＿＿＿ us ＿＿＿＿＿ be quiet.

(4) 彼はそのサッカーの試合を見てわくわくしました。

Watching the soccer game ＿＿＿＿＿ ＿＿＿＿＿ excited.

3 次の各組の文がほぼ同じ内容を表すように，＿＿＿に適する語を書きなさい。

(1) My mother said to me, "Please open the window."
My mother ＿＿＿＿＿ me ＿＿＿＿＿ open the window.

(2) Our teacher said to us, "Clean the classroom."
Our teacher ＿＿＿＿＿ us ＿＿＿＿＿ clean the classroom.

4 〔 〕内の語句を並べかえて，日本文に合う英文を書きなさい。

(1) あなたはマキにここに来るように頼みましたか。

〔 Maki / here / you / did / come / to / ask 〕?

＿＿＿＿＿＿＿＿＿＿＿＿＿＿＿＿＿＿＿?

(2) 私たちは彼のチームに勝ってほしい。

〔 want / his team / we / to / win 〕.

＿＿＿＿＿＿＿＿＿＿＿＿＿＿＿＿＿.

(3) 彼らはその壁を白く塗りました。

〔 wall / painted / they / white / the 〕.

＿＿＿＿＿＿＿＿＿＿＿＿＿＿＿＿＿.

(4) 母は私に新しいくつを選ばせてくれました。

〔 choose / me / shoes / my mother / new / let 〕.

＿＿＿＿＿＿＿＿＿＿＿＿＿＿＿＿＿.

5 次の日本文を（ ）内の指示にしたがって英語になおしなさい。

(1) 私の父は私に先生になってほしいと思っています。 （be を使って）

(2) あなたは彼が数学の勉強をするのを手伝いましたか。 （6語で）

(3) 私のネコはいつも私を幸せにします。 （6語で）

解答 ▶ p.14

確認のワーク ステージ **1** 〔Let's Talk 4〕 電話

読 聞
書 話

教科書の 要点 　電話で，伝言を頼んだりすることができる。 ♪ a25

Could you please tell her to call me back?

〜していただけますか ｜ 伝える相手 ｜ 伝言の内容

彼女に，私に折り返し電話するよう伝えていただけますか。

要点

● 電話で伝言を依頼するときの表現，「…に〜するように伝えていただけますか」は
〈Could you please tell＋人＋to＋動詞の原形 〜?〉で表す。
● 電話でよく使う表現
□ May I speak to 〜, please? 　　〜とお話しできますか。
□ Hello.　This is 〜. 　　もしもし。こちらは〜です。
□ Can[May] I leave a message? 　　伝言をお願いできますか。

Words チェック 次の英語は日本語に，日本語は英語になおしなさい。

□(1) call 〜 back 　（　　　　　　　） 　□(2) later 　（　　　　　　　）
□(3) 〜までに 　＿＿＿＿＿＿＿＿ 　□(4) 〜を確認する 　＿＿＿＿＿＿＿＿

1 次の対話が成り立つように，(1)〜(4)に適するものを下のア〜エから選んで記号を書きなさい。

Ken : Hello.　This is Ken. 　(1)
Mrs. Scott : Hi, Ken.　I'm sorry. 　(2)　(3)
Ken : Yes, please. 　(4)
Mrs. Scott : Sure.　I'll tell her so.

ア　Could you tell her to call me back? 　(1)（　　）
イ　She's not here. 　(2)（　　）
ウ　May I speak to Jane, please? 　(3)（　　）
エ　Can I take a message? 　(4)（　　）

まるごと暗記

依頼と許可を求める表現
Can you 〜? 〈依頼〉
Could you 〜?
〈依頼・ていねいな表現〉
May I 〜?
〈許可を求める〉
Can I 〜?
〈許可を求める〉

2 次の日本文に合うように，＿＿に適する語を書きなさい。

(1) メールを送るように，メグに伝えていただけますか。

＿＿＿＿＿ you ＿＿＿＿＿ tell Meg ＿＿＿＿＿
send me an e-mail?

(2) あとでメールを確認します。

I'll ＿＿＿＿＿ my e-mail ＿＿＿＿＿.

(3) 6時までに折り返し電話していただけますか。

Could you ＿＿＿＿＿ me back ＿＿＿＿＿ six?

表現メモ

by 〜
「〜までに」(期限)
until 〜
「〜まで」(継続期間)

call 〜 back は back を強く発音しよう。

3 次の日本文に合うように，　　　に適する語を書きなさい。

(1) （電話で）ユキさんをお願いします。

May I ＿＿＿＿＿＿ ＿＿＿＿＿＿ Yuki, please?

(2) 彼女に明日 10 時までに図書館に来るよう伝えてください。

Please ＿＿＿＿＿＿ her to come to the library by ten

tomorrow.

(3) 彼に折り返し私に電話するように伝えていただけますか。

＿＿＿＿＿ you please ＿＿＿＿ him to ＿＿＿＿ me ＿＿＿＿?

(4) 彼の E メールをチェックするつもりです。

I'm ＿＿＿＿＿＿ to ＿＿＿＿＿＿ his e-mail.

4 次の日本文に合うように，　　　に適する語を書きなさい。

(1) A : ＿＿＿＿＿, ＿＿＿＿＿ is Yuta.　　　　　（もしもし，ユウタです。）

May I ＿＿＿＿ to Ken?　　　　　（ケンくんと話せますか。）

B : I'm ＿＿＿＿. He's ＿＿＿＿ ＿＿＿＿.　（すみません，今外出しています。）

(2) A : Do you know ＿＿＿＿＿＿＿＿?　（どこにいるか知ってますか。）

B : He went ＿＿＿＿ the park with his brother.　（弟と公園に行きました。）

I guess they are ＿＿＿＿ there.　（まだそこにいると思います。）

(3) A : Do you know what they are doing there?　（そこで何をしてるか知ってますか。）

B : They are ＿＿＿＿ soccer.　（サッカーをしています。）

A : Oh, I see.　　　　　　　　　　（あ，そうですか。）

B : They have ＿＿＿＿ ＿＿＿＿ it ＿＿＿＿ more than three hours.

（3 時間以上しています。）

A : Wow!　　　　　　　　　　　　（へーっ。）

(4) B : Maybe they'll ＿＿＿＿ home ＿＿＿＿. （たぶん，もうすぐ帰ってくるでしょう。

Do you want him to call you?　　　彼に電話をかけてほしいですか。）

A : No, I'll ＿＿＿＿ him ＿＿＿＿ ＿＿＿＿. （いいえ，あとで電話をかけなおします。）

B : All right.　　　　　　　　　　（わかりました。）

5 次のようなとき英語でどのように言うか，　　　に適する語を書きなさい。

(1) 話したい相手がいつ帰るか知りたいとき。

Do you know ＿＿＿＿ he will ＿＿＿＿ home?

(2) 相手に明日 8 時に学校に来てほしいと伝えたいとき。

I ＿＿＿＿ you ＿＿＿＿ come to school ＿＿＿＿ eight

o'clock tomorrow.

(3) 話したい相手が今どこにいるか知りたいとき。

Do you know ＿＿＿＿ she is ＿＿＿＿?

解答 ▶ p.14

定着 のワーク ステージ **2** Unit 4 〜 Let's Talk 4

読 聞 書 話

① LISTENING 対話を聞いて，内容に合う絵を選び，記号で答えなさい。 ♪ 107

ア  イ  ウ

(1)(　　) 　(2)(　　) 　(3)(　　)

② 次の文の( )内から適する語句を選び，○で囲みなさい。

(1) Do you want me (sing, to sing, singing) the song?

(2) I know what (it means, means it, does it mean).

(3) My mother (said, talked, told) me to study.

(4) His words (helped, made, let) Mari angry.

③ 次の日本文に合うように，＿＿＿に適する語を書きなさい。

(1) 6時に起こしてくれませんか。

Will you ＿＿＿＿＿＿＿ me ＿＿＿＿＿＿＿ at six?

(2) その物語は私たちを幸せにしました。

The story ＿＿＿＿＿＿＿ ＿＿＿＿＿＿＿ happy.

(3) ある日，彼はその村を訪れました。

＿＿＿＿＿＿＿ ＿＿＿＿＿＿＿, he visited the village.

④ 次の各組の文がほぼ同じ内容を表すように，＿＿＿に適する語を書きなさい。

(1) ｛ Bob said to me, "Wait for me, please."
Bob asked me ＿＿＿＿＿＿＿ ＿＿＿＿＿＿＿ for him.

(2) ｛ Eri's mother said to her, "Get up."
Eri's mother ＿＿＿＿＿＿＿ her ＿＿＿＿＿＿＿ get up.

⑤ 〔 〕内の語句を並べかえて，日本文に合う英文を書きなさい。

(1) 両親は私に教師になってもらいたいと思っています。

〔 me / to / my parents / be / a teacher / want 〕.

＿＿＿＿＿＿＿＿＿＿＿＿＿＿＿＿＿＿＿＿＿＿＿＿.

(2) スミス先生は私たちに最善をつくすように言いました。

〔 do / to / told / best / our / us / Mr. Smith 〕.

＿＿＿＿＿＿＿＿＿＿＿＿＿＿＿＿＿＿＿＿＿＿＿＿.

重要ポイント

❶ 電話でよく使う表現，誘う表現などを聞き取る。

❷ (1)〈want＋人＋to＋動詞の原形〉で「人に〜してほしい」。

(3)〈tell＋人＋to＋動詞の原形〉で「人に〜するように言う」。

❸ (2)「〜を幸せにする」は make 〜 happy。

❹ (1) please がついているので依頼する文。

テストに◎出る！
〈tell[ask]＋人＋to 〜〉の文への書きかえ
「〜しなさい」（命令）
→〈tell＋人＋to 〜〉
「〜してください」（依頼）
→〈ask＋人＋to 〜〉

❺ (2)「最善をつくす」は do one's best。この文では do our best。

6 次の英文を読んで，あとの問いに答えなさい。

There are ramps in stations and stores.　①They are for wheelchair users.　②The users can go up and down the ramps.　These ramps ③are also (　　　　) to people with baby strollers or heavy suitcases.
…　④[people / the / happy / many / ramps / make].

(1)　下線部①が指すものを本文中より抜き出し，１語で書きなさい。

_____

(2)　下線部②が指すものを本文中より２語で抜き出し，それを日本語になおしなさい。

_____ _____（ _____ ）

(3)　下線部③が「～にも役立ちます」という意味になるように（　）に適する語を書きなさい。

_____

^{レベル}UP (4)　下線部④の[　]内の語を並べかえて，意味の通る英文にしなさい。

_____ .

重要ポイント

6 (4)〈make＋人＋形容詞〉で「人を～にする」の文。

得点力をUP

〈make＋人[ものごと] ＋形容詞〉の文では，様子を表す形容詞もよく使われる。
sleepy「眠い」
tired「疲れた」
busy「忙しい」
bored「退屈した」

7 次の対話が成り立つように，＿＿に適する語を書きなさい。

(1)　A : Hello?
　　B : Hello. _____ is Lisa.　May _____ speak _____ Junko, please?

(2)　A : Could you please _____ her _____ call me _____ ?
　　B : Sure.　She'll be home soon.

(3)　A : Do you know _____ Tom _____ ?
　　B : Yes.　He lives near Midori Park.

7 (1)「～してもいいですか」は May I ～? で表す。
(2)〈tell＋人＋to＋動詞の原形〉を使う。
(3)「トムがどこに住んでいるか知っていますか」という文にする。間接疑問文を使う。

8 次の日本文を（　）内の語を使って英語になおしなさい。

^{よく出る}(1)　その女性は私に写真を撮るよう頼みました。(asked)

_____

(2)　私は彼に昼食を作ってほしいと思っています。(want)

_____

(3)　私たちは彼が鍵を見つけるのを手伝いました。(helped)

_____

(4)　その行事は私たちを驚かせました。(surprised)

_____

8 (1)〈ask＋人＋to ～〉で「人に～するように頼む」。
(3)〈help＋人＋動詞の原形〉で「人が～するのを手伝う」。

Unit 4 ～ Let's Talk 4

解答▶ p.15

実力判定テスト ステージ**3** ▶**Unit 4** 〜 ▶**Let's Talk 4** **30**分 /100 読 聞 書 話

🎧 **1** LISTENING 対話と質問を聞いて，その答えとして適するものを 1 つ選び，記号で答えなさい。

🎵 108 2点×3(6点)

(1) ア A teacher. イ A soccer player.
　　 ウ In the future. エ To play soccer. （　　　）

(2) ア Yes, he will. イ Yes, they do. ウ Linda will. エ Ken will. （　　　）

(3) ア Both the singer and his song. イ She doesn't like the singer very much.
　　 ウ The song makes her happy. エ The singer makes her happy. （　　　）

2 次の日本文に合うように，＿＿＿に適する語を書きなさい。 4点×3(12点)

(1) 彼らは子どもたちのことをほこりに思っています。

They are ＿＿＿＿＿＿＿ ＿＿＿＿＿＿＿ their children.

(2) 消しゴムを借りてもいいですか。

May ＿＿＿＿＿＿＿ ＿＿＿＿＿＿＿ your eraser?

(3) アオイは春が早く来てほしいと思っています。

Aoi ＿＿＿＿＿＿＿ ＿＿＿＿＿＿＿ to come soon.

3 次の各組の文がほぼ同じ内容を表すように，＿＿＿に適する語を書きなさい。 5点×3(15点)

(1) { Mr. White said to us, "Be kind to elderly people."
　　 { Mr. White ＿＿＿＿＿＿＿ us ＿＿＿＿＿＿＿ ＿＿＿＿＿＿＿ kind to elderly people.

(2) { We said to Kate, "Could you play the piano for us?"
　　 { We ＿＿＿＿＿＿＿ Kate ＿＿＿＿＿＿＿ ＿＿＿＿＿＿＿ the piano for us.

レベルUP (3) { Why were you angry yesterday?
　　 { What ＿＿＿＿＿＿＿ you angry yesterday?

4 〔　〕内の語句を並べかえて，日本文に合う英文を書きなさい。ただし 1 語補うこと。

4点×3 (12点)

(1) あなたは彼女に何をすべきか話したのですか。〔 did / to / tell / you / her / do 〕?

＿＿＿＿＿＿＿＿＿＿＿＿＿＿＿＿＿＿＿＿＿＿＿＿＿＿＿＿＿＿＿＿＿ ?

(2) 彼らはあなたにキャプテンになってほしいと思っています。

〔 you / a captain / want / they / be 〕.

＿＿＿＿＿＿＿＿＿＿＿＿＿＿＿＿＿＿＿＿＿＿＿＿＿＿＿＿＿＿＿＿＿ .

(3) 彼女の笑顔はいつも私たちを幸せにします。

〔 happy / smile / us / her / always 〕.

＿＿＿＿＿＿＿＿＿＿＿＿＿＿＿＿＿＿＿＿＿＿＿＿＿＿＿＿＿＿＿＿＿ .

ちょっとBREAKの答え "A for Alpha", "B for Bravo", "C for Charlie", "D for Delta" などと言います。

目標 ●さまざまな文の形を理解し，気持ちや状態の変化や人にしてほしいことを表現できるようにしましょう。

自分の得点まで色をぬろう！

😣がんばろう　　😐もう一歩　　😄合格！

0　　　　　　　　　　　60　　80　　100点

5 ソラが書いた次の英文を読んで，あとの問いに答えなさい。 （計28点）

①My uncle (　　　　　) an assistance dog.　Sometimes ②[to / not / is / enter / allowed / he] a shop or a restaurant with his dog.　Assistance dogs are not pets, but partners for people with disabilities.

(1)　下線部①が「私のおじは補助犬を使います」という意味になるように(　)内に適する語を書きなさい。 （5点）

_____

(2)　下線部②の[　]内の語を並べかえて，意味の通る英文にしなさい。 （6点）

_____

(3)　次の質問に英語で答えなさい。

What are assistance dogs for people with disabilities? （5点）

They _____ _____ for people with disabilities.

(4)　次のア～ウの文が本文の内容と合っていれば〇，異なっていれば×を書きなさい。

4点×3（12点）

ア　His uncle has a dog as a pet. 　　　　　　　　　　　　　（　　　）

イ　His uncle can always enter a shop or a restaurant with his dog. 　（　　　）

ウ　Assistance dogs are partners for people with disabilities. 　　（　　　）

6 次の日本文を，(　)内の語を使って英語になおしなさい。 5点×3（15点）

(1)　私はあなたにピアノの弾き方を教えてほしい。(teach, how)

_____

(2)　この映画は彼をわくわくさせます。(makes)

_____

(3)　英語は人々がお互いを理解するのを助けます。(helps, each other)

_____

7 次の質問に，あなた自身の答えを英語で書きなさい。 6点×2（12点）

(1)　Does music make you happy?

_____

UP(2)　If you have a robot, what do you want your robot to do?

_____

確認のワーク ステージ1 **Unit 5 What Can Photos Tell? ①** 読聞書話

教科書の **要点** 関係代名詞 who（主格） a26

She is a German girl **who** wrote a famous diary.　　彼女は，有名な日記を書いた
　　人　先行詞　　　　主語のはたらき　　　　　　　　　　ドイツ人の少女です。

要点
- ●〈who＋動詞（＋～）〉を「人を表す名詞」の後ろに続けて，その名詞を説明できる。
- ●この who は主語のはたらきをしているので，主格の関係代名詞という。また，who～によって説明を受ける名詞を先行詞という。

Words チェック 次の英語は日本語に，日本語は英語になおしなさい。
- □(1) scientist （　　　　　） □(2) diary （　　　　　）
- □(3) 音楽家 ＿＿＿＿＿ □(4) 神 ＿＿＿＿＿

1 絵を見て例にならい，「～する…」という文を書きなさい。

the student / speak　　a friend / dance　　the girl / run　　the boy / study

例　Mike is the student who speaks Japanese well.
(1) I have a friend ＿＿＿＿ ＿＿＿＿ well.
(2) Emma is the girl ＿＿＿＿＿＿ very fast.
(3) Akira is ＿＿＿＿＿＿ hard.

ミス注意
who のあとに続く動詞の形は，先行詞の人称・数，時制によって決まる。

2 例にならい，次の2つの文を who を使って1文に書きかえるとき，＿＿に適する語を書きなさい。

例　I know some boys.　They play soccer well.
　→ I know some boys who play soccer well.
(1) I saw many people.　They were waiting for you.
　→ I saw many people ＿＿＿＿ were waiting for you.
(2) I have a friend.　She speaks French.
　→ I have a friend ＿＿＿＿ ＿＿＿＿ French.
(3) The woman was kind.　She helped me yesterday.
　→ The woman ＿＿＿＿ ＿＿＿＿ me
　　yesterday ＿＿＿＿ kind.

ここがポイント
関係代名詞 who のはたらき
{ 2文をつなげる接続詞
{ 説明の文の中での主語
2文を1文にするときは，説明の文の主語を who にかえ，もう1つの文の〈人を表す名詞〉のあとに続ける。

 What a sad story! は文末を下げて（↘）発音するよ。

69

3 次の文を，who を使って１文に書きかえなさい。

(1) I know the boy.　He is talking to Kenta.

_____

(2) The girl lives in Canada.　She took this photo.

_____

4 〔　〕内の語句を並べかえて，日本文に合う英文を書きなさい。

(1) 上手に踊っているあの少女を知っていますか。

〔 you / is / dancing / who / know / that girl / well / do 〕?

_____ ?

(2) 私たちに数学を教えている先生はヤマダ先生です。

〔 who / the teacher / is / teaches / to us / math 〕 Mr. Yamada.

_____ Mr. Yamada.

(3) 私はあの髪の長い俳優が好きです。

〔 has / like / I / that actor / long hair / who 〕.

_____ .

5 次の日本文に合うように，＿＿に適する語を書きなさい。

(1) 彼は有名な音楽家です。

He's a _____ _____ .

(2) 私の姉は科学者になりたいと思っています。

My sister wants to _____ a _____ .

(3) だれがこの日記を書いたのですか。

Who wrote this _____ ?

6 （　）内の日本語を参考に，＿＿に適する語を書きなさい。

(1) I remember the girl _____ _____ me the way to the library.

（図書館への行き方を教えてくれた少女）

(2) Do you know the Japanese _____ _____ the Nobel Prize two years ago?　（２年前にノーベル賞を受賞した日本人）

(3) The man _____ _____ that picture is very famous.

（あの絵を描いた男性）

(4) The woman _____ _____ in this house before had a big dog.

（以前にこの家に住んでいた女性）

(5) I don't know the boys _____ _____ that song on TV last night.

（昨夜テレビでその歌を歌った少年たち）

ミス注意
(1) the boy 以下は「ケンタと話している少年」。who に続く動詞は現在進行形のままでよい。

ここがポイント
(2) The girl＝She なので，The girl のあとに〈who＋動詞〜〉を挿入する。

ミス注意
(2)語群に to us があるので，「私たちに数学を教えている」は〈teach＋もの＋to＋人〉で表す。

表現メモ
(3)「髪の長い」は have を使って表現する。have long ears, have blue eyes なども同様の表現。

Unit 5

 **Unit 5** What Can Photos Tell? ②

解答 p.16

📖 教科書の 要点 関係代名詞 that [which] (主格) ♪ a27

He created <u>many products</u> **that [which]** changed the world.

先行詞　　　　主語のはたらき

彼は，世界を変えた多くの製品を
作り出しました。

要点

- ●〈that＋動詞(＋〜)〉を名詞の後ろに続けて，その名詞(＝先行詞)を説明できる。
  この that は who と同じ主格の関係代名詞である。
- ●主格の関係代名詞 that は，先行詞が「人を表す名詞」，「人以外を表す名詞」のどちらにも使う。
  「人以外を表す名詞」の場合は which に置きかえることができる。

Words チェック 次の英語は日本語に，日本語は英語になおしなさい。

- □(1) refrigerator （　　　　　） □(2) microwave oven （　　　　　）
- □(3) 洗濯機 ＿＿＿＿＿ □(4) 〜を温める ＿＿＿＿＿
- □(5) 使い古した，中古の ＿＿＿＿＿ □(6) 山腹 ＿＿＿＿＿

1 次の文の（　）内から適する語を選び，〇で囲みなさい。

(1) This is a restaurant (that, who) is famous for its curry.

(2) Kenta has a brother (that, which) plays the guitar well.

(3) The cat (who, that) is sleeping on the sofa is called Tama.

> **ここが ポイント**
>
> 主格の関係代名詞と先行詞
>
> 先行詞　　関係代名詞
> 人　　→ that, who
> 人以外 → that, which

2 例にならい，次の2つの文を that を使って1文に書きかえるとき，＿＿＿に適する語を書きなさい。また，できた英文を日本語になおしなさい。

例　This is an animal.　It lives in Australia.

　→ This is an animal that lives in Australia.

(1) He lives in a house.　It has a big garden.

　→ He lives in a house ＿＿＿＿＿ has a big garden.

　彼は（　　　　　　　　　　　　　　）に住んでいます。

(2) I have a friend.　He is from China.

　→ I have a friend ＿＿＿＿＿ ＿＿＿＿＿ from China.

　私には（　　　　　　　　　　　　　）がいます。

(3) I read a book.　It teaches me Japanese.

　→ I read a book ＿＿＿＿＿ ＿＿＿＿＿

　＿＿＿＿＿ Japanese.

　私は（　　　　　　　　　　　　　　）を読みます。

> **ミス注意**
>
> (3)動物は「人以外の名詞」なので，who は使えない。

> **ここが ポイント**
>
> 主格の関係代名詞を使って2文を1文にするとき
> ①説明の文の主語を主格の関係代名詞に置きかえる。
> ②説明を加える名詞(先行詞)のあとに〈関係代名詞＋動詞 〜〉を挿入する。

🔊 What a great person! の下線部はつなげて発音しよう。

3 次の文を（　）内の指示にしたがって書きかえなさい。

(1) I saw an elephant that was eating apples.
（関係代名詞 that をほかの関係代名詞にかえて）
_____

(2) I know the girl that can speak three languages.
（関係代名詞 that をほかの関係代名詞にかえて）
_____

(3) He has a watch.　It was given by his grandfather.
（関係代名詞 that を使って１文に）
_____

ミス注意
(1)過去形の文なので，時制を合わせて関係代名詞以下も過去進行形にする。

ここがポイント
(3)説明を加える文が受け身のときは，関係代名詞のあとに〈be動詞＋過去分詞〉を続ける。

4 〔　〕内の語句を並べかえて，日本文に合う英文を書きなさい。

(1) このレポートを書いた少年は医者になりました。
〔 became / the boy / report / wrote / that / this 〕a doctor.
_____ a doctor.

(2) この店で売られるケーキはおいしいです。
〔 are / are / at / the cakes / sold / that / this shop 〕
delicious.
_____ delicious.

(3) ここで働いている人たちは忙しそうに見えます。
〔 busy / that / working / people / look / here / are 〕.
_____ .

ミス注意
(1)関係代名詞 that が修飾する名詞が主語になる場合，文全体の動詞の位置に注意する。

Unit 5

5 次の日本文に合うように，＿＿に適する語を書きなさい。

(1) スープを温めましょうか。
Shall I _____ up the soup?

(2) 彼は古本を買いました。
He bought a _____ _____.

WRITING Plus
次の各問いに対して，あなた自身の答えを英語で書きなさい。

(1) Do you have a phone which can also be used as a camera?
_____

(2) Please tell me about your school.　（関係代名詞を使って）
例 It is a school which has about 500 students.
_____

確認のワーク **ステージ1** Unit 5　What Can Photos Tell?　③　読 聞 書 話

教科書の 要点　関係代名詞 that[which]（目的格）　♪ a28

He invented the food (that[which]) you like ⬚ the best.
人以外　先行詞　　　　　　　　　　　　　　目的語

彼は，あなたがいちばん好きな食べ物を発明しました。

要点

● 〈which＋主語＋動詞（＋〜）〉を「人以外を表す名詞」の後ろに続けて，その名詞を説明することができる。which は目的語のはたらきをしているので目的格の関係代名詞という。「人を表す名詞」の場合，that を使う。

● 関係代名詞 which の代わりに that を使うこともできる。目的格の関係代名詞 which[that] は省略できる。

Wordsチェック　次の英語は日本語に，日本語は英語になおしなさい。

□(1)　soy sauce　　（　　　　　　　）　　□(2)　photograph　（　　　　　　　）

□(3)　大みそか　＿＿＿＿＿＿＿＿　　□(4)　わかる　＿＿＿＿＿＿＿＿

1 例にならい，次の2つの文を，which を使って1文に書きかえるとき，＿＿に適する語を書きなさい。

例　This is the cake.　I made it yesterday.

　→ This is the cake which I made yesterday.

(1)　Show me the photos.　He took them in Kyoto.

　→ Show me the photos ＿＿＿＿＿＿ he ＿＿＿＿＿＿

　　in Kyoto.

(2)　This is the song.　I often sing it.

　→ This is the song ＿＿＿＿＿＿ ＿＿＿＿＿＿ often sing.

(3)　I like the bag.　She gave it to me.

　→ I like the bag ＿＿＿＿＿＿ she ＿＿＿＿＿＿ to me.

ここがポイント

目的格の関係代名詞を使って2文を1文にするとき

①説明の文の目的語を目的格の関係代名詞に置きかえて文頭に出す。

②説明を加える名詞（先行詞）のあとに〈関係代名詞＋主語＋動詞 〜〉を挿入する。

That's the cake. 目的語
　　　　　　 ＋I like it.
That's the cake
　　　which I like.

2 次の英文の下線部を日本語になおしなさい。

(1)　This is a restaurant which I often visit with my family.

　これは（　　　　　　　　　　　　　　　）です。

(2)　The movie which Kenta saw yesterday made him sleepy.

　（　　　　　　　　　　　　　　　）は彼を眠くさせました。

(3)　I haven't read the message which you wrote yet.

　私は（　　　　　　　　　　　　　　　）をまだ読んでいません。

ここがポイント

目的格の関係代名詞を使った文の訳

先行詞 の前に，which 以下を「〜が…する[した]」の形の日本語にして挿入する。

 photo は photograph の略語。

3 次の各組の文がほぼ同じ内容を表すように，____ に適する語を書きなさい。

(1) This is a report which was written by Mike yesterday.
This is a report _____ Mike _____ yesterday.

(2) The dinner which was cooked by my father was delicious.
The dinner _____ my father _____ was delicious.

(3) I am reading the book which was recommended by Aya.
I am reading the book _____ _____.

ミス注意
(3)目的格の which [that]
は省略することができる。
the book　Aya …
　　　which[that]

4 〔 〕内の語句を並べかえて，日本文に合う英文を書きなさい。

(1) これらは私が先月読んだ本です。
〔 the books / read / which / are / these / I 〕 last month.
_____ last month.

(2) あなたは私が好きなその映画を見たことがありますか。
〔 seen / like / ever / I / you / have / the movie 〕?
_____ ?

ここが ポイント
目的格の関係代名詞と先行詞
先行詞　　関係代名詞
人　　　 → that
人以外 → that, which

Unit 5

5 次の日本文に合うように，____ に適する語を書きなさい。

(1) 大みそかには，私の家族はそばを食べます。
My family eat *soba* on _____ _____ _____.

(2) わかりましたか。— はい。
Did you _____ _____? — Yes, I did.

(3) 私はそれにしょう油をかけて食べます。
I'll have it with _____ _____.

6 右のメモは，今，明(Akira)がギター演奏を練習している曲についてのものです。例にならい，メモの内容に合うように，____ に適する語を書きなさい。

例 "Star" is the song which Flowers sang.

(1) "Star" is the song which _____ _____ the best.

(2) "Star" is the song which Akira's mother _____ _____.

(3) "Star" is the song which Akira _____ _____ _____ _____ on the guitar at the school festival.

"Star"
・Flowers というグループが歌った曲
・明がいちばん好きな曲
・母が明に教えてくれた曲
・明が文化祭でギターで演奏する予定

確認のワーク　ステージ1　Unit 5　Read & Think　Historical Events in Photos　読聞書話

教科書の要点　関係代名詞（who, that）（復習）　♪ a29

Athletes **who** won first place received silver medals.
　〔人〕先行詞　〔主語のはたらき〕　　　　　1位になったスポーツ選手は銀メダルを受け取りました。

The man **who** stepped on the moon for the first time was
　〔人〕　〔主語のはたらき〕　　　　最初に月を歩いた人はニール・アームストロング船長でした。
Captain Neil Armstrong.

要点 1
● 〈who＋動詞（＋〜）〉は直前の「人を表す名詞」を後ろから説明する。
● この who は主語のはたらきをしているので，主格の関係代名詞という。また，who〜によって説明を受ける名詞を先行詞という。

This is a photo **that** shows the first modern Olympic Games.
〔人または人以外のもの〕先行詞　〔主語のはたらき〕　これは最初の近代オリンピックを表している写真です。

They wore special suits **that** protected them in space.
　〔人または人以外のもの〕　〔主語のはたらき〕
　　　　　　　　　　　　彼らは，宇宙で自分を保護する特別なスーツを着ていました。

要点 2
● 〈that＋動詞（＋〜）〉は直前の名詞を後ろから説明する。この that は who と同じ主格の関係代名詞である。
● 主格の関係代名詞 that は，先行詞が「人を表す名詞」，「人以外を表す名詞」のどちらにも使う。「人以外を表す名詞」のときは which を使うこともある。

Wordsチェック　次の英語は日本語に，日本語は英語になおしなさい。
□(1) athlete　（　　　　　）　　□(2) silver　（　　　　　）
□(3) receive　（　　　　　）　　□(4) winner　（　　　　　）
□(5) 歴史　＿＿＿＿＿　　□(6) 大いに　＿＿＿＿＿
□(7) 見渡す　＿＿＿＿＿　　□(8) 初めて　＿＿＿＿＿

1 次の文の（　）内から適する語を選び，○で囲みなさい。

(1) I have a friend (which, who) lives in Canada.

(2) This is a dog (which, who) swims well.

(3) She is the teacher (which, that) we like.

(4) The pen (which, who) you lost is on your desk.

ミス注意
(2)動物は「人以外の名詞」なので，who は使えない。

Olympic[əlímpik]，Paralympic[pærəlímpik]はともに lym のところを強く発音するんだよ。

2 次の英文を読んで，あとの問いに答えなさい。

This is a photo (①) shows the first modern Olympic Games. It was ②(hold) in Greece in 1896. Only male athletes from 14 countries joined ③it. Eight sports such as track and field, swimming, and tennis were played. ④[who / first place / athletes / won] received silver medals.

(1) 空欄①にあてはまる関係代名詞を書きなさい。 _____

(2) ②の（ ）内の語を適する形にかえなさい。 _____

(3) 下線部③が指すものを 4 語の英語で答えなさい。

the _____ _____ _____

_____

(4) 下線部④が「1 位をとったスポーツ選手」という意味になるように，〔 〕内の語句を並べかえなさい。

_____

ここがポイント

(4)〈who＋動詞〜〉を「人を表す名詞」の後ろに続ける。

3 例にならい，次の 2 つの文を，that を使って 1 文にかえるとき，____ に適する語を書きなさい。

例 The girl is Miki. I met her yesterday.

→ The girl that I met yesterday is Miki.

(1) I have an uncle. He is a doctor.

→ I have an uncle _____ _____ a doctor.

(2) The shirt is nice. Tom bought it.

→ The shirt _____ Tom _____ is nice.

4 次の日本文に合うように，____ に適する語を書きなさい。

(1) 彼は初めて京都を訪れました。

He visited Kyoto for the _____ _____ .

(2) オリンピック大会は 4 年ごとに開かれます。

The _____ _____ is held every 4 years.

(3) 私の父は歴史に興味があります。

My father is _____ in _____ .

ことばメモ

スポーツの世界大会
the Olympic Games
「オリンピック大会」
the Paralympic Games
「パラリンピック大会」
the Winter Olympic Games
「冬季オリンピック大会」
the World Cup
「ワールドカップ」

5 次の ____ に who, which の中から適当なものを選んで書きなさい。

(1) Tell me the name of the hotel _____ stands by the river.

(2) The boy _____ came to see you yesterday was Mike.

(3) This is the cake _____ my mother made.

Unit 5 Read & Think

確認のワーク ステージ 1 **Express Yourself** 自分の好きな有名人を説明しよう。 読聞書話

教科書の 要点 自分の好きな有名人を説明する ♪ a30

This is Mr. Nakamura.　　　　　　こちらはナカムラ氏です。
紹介する人物の名前を伝える

He was a great writer **who** wrote many novels in Japan.
関係代名詞を使って，その人物を説明　　　　　　彼は，日本で多くの小説を書いた偉大な作家でした。

His books influenced many young people in the world.
その人物を説明する文　　　　　　彼の本は世界の多くの若者たちに影響を与えました。

要点
- 人を紹介するときには，**This is ～**「こちらは～です」を使う。
- 人について説明を加える場合，[人]の後ろに **who** で始まる文を置く。「～する[人]」

Words チェック 次の英語は日本語に，日本語は英語になおしなさい。

- □(1) novelist （　　　　　）　　□(2) world-famous （　　　　　）
- □(3) produce （　　　　　）　　□(4) ～を創造する ＿＿＿＿＿＿
- □(5) （絵など）をかく ＿＿＿＿＿＿　　□(6) ～を発見する ＿＿＿＿＿＿

1 次の日本文に合うように，＿＿に適する語を書きなさい。

(1) 彼はこの機械を発明した男性です。

He is a man ＿＿＿＿＿＿ ＿＿＿＿＿＿ this machine.

(2) これは私が好きな歌手です。

This is a singer ＿＿＿＿＿＿ ＿＿＿＿＿＿ like.

(3) 彼女は私たちがよく知っている小説家です。

She is a novelist ＿＿＿＿＿＿ ＿＿＿＿＿＿ very well.

> **ここがポイント**
> 関係代名詞の使い分け
> - 人は who，人以外は which。
> - that は両方に使える。
> - 目的格の関係代名詞は省略できる。

2 [ ]内の語句を並べかえて，日本文に合う英文を書きなさい。

(1) 彼は世界中で有名な俳優です。

[famous / an actor / who / he / is / is] around the world.

＿＿＿＿＿＿＿＿＿＿＿＿＿＿＿＿ around the world.

(2) 彼女がかいた絵は人気があります。

[are / she / the pictures / popular / which / drew].

＿＿＿＿＿＿＿＿＿＿＿＿＿＿＿＿＿＿＿.

(3) これはオリンピックで銀メダルを取ったスポーツ選手です。

[an athlete / is / a silver medal / got / who / this] at the Olympic Games.

＿＿＿＿＿＿＿＿＿＿＿＿＿＿＿＿ at the Olympic Games.

> **ミス注意**
> (1)(3)主格の関係代名詞
> 先行詞のあとに〈関係代名詞＋動詞 ～〉。
> (2)目的格の関係代名詞
> 先行詞のあとに〈関係代名詞＋主語＋動詞 ～〉。

How was ～? の文は文末を下げて（↘）発音するよ。

ステージ **1** 〈Let's Talk 5〉 どうだった？

読 聞
書 話

教科書の 要点　感想をたずねる（How was ～?）　♪ a31

How was your weekend?　　　　　週末はどうでしたか。
　　　「～はどうでしたか」

It was great.　　　　　　　　　　　すばらしかったです。

要点

● 「～はどうでしたか」は，How was ～? で表す。
● 答える表現
　□ It was great / wonderful / amazing. すばらしかったです。
　□ Not bad. 悪くはありませんでした。
　□ It was OK. まあまあでした。
　□ It was terrible. ひどかったです。

Wordsチェック　次の日本語を英語になおしなさい。
□(1) ひどい　＿＿＿＿＿＿＿＿　　□(2) 悪くない　＿＿＿＿＿＿＿＿
□(3) 試合　＿＿＿＿＿＿＿＿　　□(4) 試験　＿＿＿＿＿＿＿＿

1 次の対話が成り立つように，＿＿＿に適する語を書きなさい。
(1) A : ＿＿＿＿＿ ＿＿＿＿＿ the summer vacation?
　　B : It was great. I stayed at my grandparents' house.
(2) A : ＿＿＿＿＿ ＿＿＿＿＿ the movie?
　　B : ＿＿＿＿＿ ＿＿＿＿＿ terrible. It made me
　　sleepy.
(3) A : ＿＿＿＿＿ ＿＿＿＿＿ the festival?
　　B : ＿＿＿＿＿ bad. I had a good time.

まるごと暗記
「～はどうでしたか」は
How was ～? で表す。

表現メモ
(3) Not bad. 「悪くはな
かった」＝「まあまあい
い」。

2 次の日本文に合うように，＿＿＿に適する語を書きなさい。
(1) 理科の試験はどうでしたか。
　　＿＿＿＿＿ ＿＿＿＿＿ the science exam?
(2) [(1)に答えて]まあまあでした。あまり難しくありませんでした。
　　＿＿＿＿＿ ＿＿＿＿＿ OK. It wasn't very difficult.
(3) 奈良への旅行はどうでしたか。
　　＿＿＿＿＿ ＿＿＿＿＿ the trip to Nara?
(4) [(3)に答えて]すばらしかったです。写真をたくさん撮りました。
　　＿＿＿＿＿ ＿＿＿＿＿ great. I took many photos.

Express Yourself ～ Let's Talk 5

解答▶ p.18

定着のワーク ステージ 2 Unit 5 〜 Let's Talk 5 読 聞 書 話

1 LISTENING 英語を聞いて，内容に合う絵を選び，記号で答えなさい。 ♪ 109

(1)(　　　　)

(2)(　　　　)

2 次の文の＿＿に which, who のうち適する語を書きなさい。

(1) I didn't know the boy ＿＿＿＿＿＿ called me yesterday.

(2) That is a bus ＿＿＿＿＿＿ goes to Shibuya.

(3) The cat ＿＿＿＿＿＿ I saved looked hungry.

(4) The dog ＿＿＿＿＿＿ I saw this morning had long ears.

3 次の日本文に合うように，＿＿に適する語を書きなさい。

(1) ダイキは初めて流れ星を見ました。

Daiki saw a shooting star ＿＿＿＿＿＿ ＿＿＿＿＿＿

＿＿＿＿＿＿ ＿＿＿＿＿＿.

(2) コンピューターは大いに発達しています。

Computers ＿＿＿＿＿＿ developed ＿＿＿＿＿＿.

(3) わかりません。

I don't ＿＿＿＿＿＿ ＿＿＿＿＿＿.

4 次の各組の文がほぼ同じ内容を表すように，＿＿に適する語を書きなさい。

(1) { He has a car.　It was made in Japan.
　　{ He has a car ＿＿＿＿＿＿ was ＿＿＿＿＿＿ in Japan.

(2) { Mary is a girl with blue eyes.
　　{ Mary is a girl ＿＿＿＿＿＿ ＿＿＿＿＿＿ blue eyes.

(3) { The fish was very big. He caught it.
　　{ The fish ＿＿＿＿＿＿ ＿＿＿＿＿＿ was very big.

5 次のように自分の友だちを紹介するとき，英語でどのように言うか，関係代名詞を使って書きなさい。

エミ(Emi)は他の人に親切な女の子です。

＿＿＿＿＿＿＿＿＿＿＿＿＿＿＿＿＿＿＿＿＿＿＿＿

重要ポイント

1 「だれ」が「何をするのか」に注意する。

2

テストに◎出る!

関係代名詞の使い分け
● 人は who，人以外は which。
● that は両方に使える。
● 目的格の関係代名詞は省略できる。

3 (2)「(ずっと)発達している」→〈継続〉の現在完了形の文にする。

4 (2)「青い目をした」→「青い目を持った」

(3)目的格の関係代名詞は省略できる。空欄の数より，ここでは省略する。

5 「他の人に親切な女の子」を，関係代名詞を使って表す。

6 次の対話文を読んで，あとの問いに答えなさい。

Chen : That is Steve Jobs.　He created ①[that / many / the world / changed / products].

Sora : What did he create?

Chen : ②One of them is in your hand now.

Sora : This smartphone?　（　③　）a great person!

UP (1) 下線部①の〔　〕内の語句を並べかえて，意味の通る英文にしなさい。

_____

(2) 下線部②が指すものを本文中より1語で抜き出しなさい。

_____

(3) ③の（　）内に適する語を書きなさい。

_____

(4) 本文の内容に合うように（　）内に適する日本語を書きなさい。
　　ジョブズは世界を（　　　　　　）多くの（　　　　　　）を作り出した。

重要ポイント

6 (1)説明を加える名詞の
　　あとに〈that＋動詞～〉を
　　続ける。
(3)感嘆文にする。
(4)本文2文目で，ジョブ
　　ズが作ったものについて
　　述べている。

7 〔　〕内の語句を並べかえて，日本文に合う英文を書きなさい。

(1) これは私が毎日使うコンピューターです。
　　〔 the computer / use / which / every day / I / is / this 〕.

　　_____.

(2) 姉が話しかけた女性は彼女の先生です。
　　〔 the woman / talked / is / my sister / her teacher / that / to 〕.

　　_____.

(3) 私は私を助けてくれた友だちに手紙を書きました。
　　I wrote 〔 to / who / the friend / me / a letter / helped 〕.
　　I wrote _____.

7

得点力をUP

関係代名詞に続く動詞
が連語のとき
　He's the man.
　I talked to him.

He's the man
　　that I talked to.
最後に前置詞を忘れな
いこと。

UP 8 次の日本語を（　）内の語を使って英語になおしなさい。

(1) この写真を撮った少女は私のいとこです。（who）

　　_____

(2) あなたが昨日見た映画は何ですか。（which）

　　_____

(3) 彼が訪れた国は，アメリカではなくカナダです。（which, but）

8 (2)「昨日見た映画」を，
　　関係代名詞を使って後ろ
　　から修飾する。

Unit 5 ～ Let's Talk 5

実力判定テスト ステージ3 **Unit 5** 〜 **Let's Talk 5** 30分 /100 読聞書話

解答 ▶ p.18

1 LISTENING 対話を聞いて，質問に対する答えとして適するものを1つ選び，記号で答えなさい。 ♪ l10 2点×3(6点)

(1) ア She read a book.　　イ She wrote a book.
　　ウ She met Ken.　　エ She wrote to Ken's aunt.　(　)

(2) ア For 100 years.　　イ For 1000 years.
　　ウ 100 years ago.　　エ 1000 years ago.　(　)

(3) ア It has a red roof.　　イ Next to the park.
　　ウ Next to the restaurant.　　エ No, there isn't.　(　)

2 次の日本文に合うように，＿＿に適する語を書きなさい。 4点×3(12点)

(1) 勝者はメダルを受け取りました。

The ＿＿＿＿＿＿ ＿＿＿＿＿＿ a medal.

(2) その飛行機はちょうど着陸したところです。

The ＿＿＿＿＿＿ has just ＿＿＿＿＿＿.

(3) この洗濯機の使い方を知っていますか。

Do you know ＿＿＿＿＿＿ to use this ＿＿＿＿＿＿ ＿＿＿＿＿＿?

3 次の文の＿＿に which, who のうち適する語を書きなさい。 3点×3(9点)

(1) China is a big country ＿＿＿＿＿＿ has long history.

(2) The boy ＿＿＿＿＿＿ is talking with Judy is my brother.

(3) Is this the pen ＿＿＿＿＿＿ you lost?

4 〔 〕内の語句を並べかえて，日本文に合う英文を書きなさい。ただし，下線部の語を適する形になおすこと。 5点×4(20点)

(1) あなたが買ったコンピューターは壊れていたのですか。

〔 break / you / the computer / which / bought / was 〕?

＿＿＿＿＿＿＿＿＿＿＿＿＿＿＿＿＿＿＿＿＿＿＿＿＿＿＿＿?

(2) 彼女が歌ったのは私のお気に入りの歌でした。

〔 that / the song / my favorite / sing / she / was / one 〕.

＿＿＿＿＿＿＿＿＿＿＿＿＿＿＿＿＿＿＿＿＿＿＿＿＿＿＿＿.

(3) カナダは私が訪れたい国の1つです。

〔 I / Canada / to / of / the country / is / want / visit / one 〕.

＿＿＿＿＿＿＿＿＿＿＿＿＿＿＿＿＿＿＿＿＿＿＿＿＿＿＿＿.

(4) あなたが先週かいた絵を私に見せてください。

Please 〔 me / you / which / last week / the picture / paint / show 〕.

Please ＿＿＿＿＿＿＿＿＿＿＿＿＿＿＿＿＿＿＿＿＿＿＿＿＿.

ちょっとBREAKの答え　1942年6月12日から1944年8月1日までの約2年間です。

目標 ●主格や目的格の関係代名詞を使って，名詞に説明を加える表現を正しく理解しましょう。

自分の得点まで色をぬろう！

⊕かんばろう!		⊕もう-少し	⊕合格!
0		60	80 100点

5 次の対話文を読んで，あとの問いに答えなさい。 (計23点)

Chen : Who is this man?

Aoi : ①That is Ando Momofuku.

Chen : I've never ②(hear) of him.　What did he do?

Aoi : He invented ③the food that you like the best.

Chen : I don't ④(わかる).

(1) 下線部①と同じ用法の that を含む文をア〜ウから選び，記号を○で囲みなさい。 (5点)

　ア　I know that he is a good player.

　イ　That is the museum I sometimes visit on weekends.

　ウ　I'm going to see the movie that you talked about.

(2) ②の( )内の語を適する形にかえなさい。 (4点)

_____

(3) 下線部③を日本語になおしなさい。 (5点)

彼は(_____)を発明しました。

(4) ④の( )内の日本語を2語の英語で書きなさい。 (4点)

_____　_____

(5) 本文の内容に合うように，＿＿＿に適する語を書きなさい。 (5点)

Ando Momofuku is the man _____ _____ the food Chen likes the

_____.　Chen didn't know _____ the man was.

レベルUP 6 次の日本文を英語になおしなさい。ただし，必要であれば( )内の動詞を適切な形にして使うこと。

6点×3(18点)

(1) 駅への道を私たちに教えてくれた少年は親切でした。(who，tell)

_____

(2) その国で使われる言語は難しいです。(which，use)

_____

(3) 私が読んだその小説は私をとてもわくわくさせました。(that，make)

_____

よく出る 7 次のようなとき英語でどのように言うか書きなさい。 6点×2(12点)

(1) 昨日買ったカバンを見せるとき。(8語)

_____

(2) 北海道に住んでいる友だち(女の子)を家族に紹介するとき。(8語)

Unit 5 〜 Let's Talk 5

確認のワーク　ステージ1　Unit 6　Lively Towns in Japan ①

解答▶p.19

読聞書話

教科書の 要点　名詞を後ろから修飾する分詞　♪a32

I like the cat mascot **wearing** a red *kabuto*.
名詞　　　　　　　修飾　現在分詞

私は，赤いかぶとをかぶったネコの
マスコットが好きです。

要点1

●動詞の〜ing形は「〜している」という意味で，直前の名詞を説明する形容詞のようなはたらきをすることがある。これを現在分詞という。

I like the cat mascot **called** Hikonyan.
名詞　　　　　　　修飾　過去分詞

私は，ひこにゃんと呼ばれるネコの
マスコットが好きです。

要点2

●動詞の過去分詞形は「〜された」という意味で，直前の名詞を説明する形容詞のようなはたらきをすることがある。

プラス　動詞の -ing形や過去分詞形が他の語句を伴わないで単独で名詞を修飾するときは，名詞の前に置く。

The running dog is ours.　　　　　　その走っているイヌは私たちのです。

The used bike is Ken's.　　　　　　その使い古された自転車はケンのものです。

Wordsチェック　次の英語は日本語に，日本語は英語になおしなさい。

□(1)　mascot　　　　　　（　　　　　　　　）　　□(2)　government　　　　（　　　　　　　　）

□(3)　西洋ナシ　　　＿＿＿＿＿＿＿　　□(4)　〜をデザインする　＿＿＿＿＿＿＿

□(5)　ビデオ　　　　＿＿＿＿＿＿＿　　□(6)　キャッチボールをする　＿＿＿＿＿＿＿

1　絵を見て例にならい，「〜している女の子はクミです」という文を書きなさい。

play the piano

read a book

study English

make a cake

例　The girl playing the piano is Kumi.

(1)　The girl ＿＿＿＿＿＿＿ a book is Kumi.

(2)　The girl ＿＿＿＿＿＿＿＿＿＿＿＿＿ is Kumi.

(3)　＿＿＿＿＿＿＿＿＿＿＿＿＿＿＿＿＿ is Kumi.

ここがポイント

「〜している…」は〈名詞＋動詞の -ing形＋語句〉で表す。

design の発音は[dizáin]。g は発音しないよ。

2 次の文の（　）内から適する語を選び，○で囲みなさい。

(1) The boy (played, playing) soccer is Kenta.

(2) I like curry and rice (cooked, cooking) by my mother.

(3) He is an actor (known, knowing) all over the world.

(4) Who is the girl (sung, singing) on the stage?

3 次の英文の下線部を日本語になおしなさい。

(1) The crying child is my sister.

（　　　　　　　　　　　　　　　）は私の妹です。

(2) These are comic books read all over Japan.

これらは（　　　　　　　　　　　）です。

(3) I know the boy talking with my teacher.

私は（　　　　　　　　　　　　　　　）を知っています。

4 次の語句を並べかえて，日本文に合う英文を書きなさい。

(1) 私たちに英語を教えている先生はカナダ出身です。

[English / Canada / teaching / is / the teacher / to us / from].

_____.

(2) これは沖縄で撮られた写真です。

[this / picture / Okinawa / taken / a / in / is].

_____.

5 次の日本文に合うように，＿＿＿に適する語を書きなさい。

(1) この美しいドレスはだれがデザインしましたか。

Who _____ this beautiful dress?

(2) ショウタはお父さんとキャッチボールをしました。

Shota _____ _____ with his father.

6 （　）内の日本語を参考に，＿＿＿に適する語を書きなさい。

(1) Do you know the woman _____ _____?

（皿を運んでいる）

(2) I asked the man _____ _____ the _____.

（木の下に立っている）

(3) This is a book _____ _____ Kawabata Yasunari.

（川端康成によって書かれた）

(4) My father wants a car _____ _____ America.

（アメリカ製の）

解答 ▶ p.20

確認のワーク　ステージ 1　Unit 6　Lively Towns in Japan ②

読 聞 書 話

教科書の 要点　仮定法（if 〜）　♪ a33

If I lived there, I would look at them every day.

動詞の過去形　「…ならば」　would＋動詞の原形　「〜だろうに」

もし私がそこに住んでいたら，毎日それらを見るだろうに。

要点
- ●「もし…ならば，〜だろうに」と現在の事実とちがうことを表すときは，〈If＋主語＋動詞の過去形 〜, 主語＋would＋動詞の原形 〜〉を使う。
- ●「〜できるのに」は〈could＋動詞の原形 〜〉で表す。

Wordsチェック 次の英語は日本語に，日本語は英語になおしなさい。

□(1) magical （　　　　　　　）　□(2) creator （　　　　　　　）

□(3) know の過去形 ＿＿＿＿＿＿　□(4) どこへでも ＿＿＿＿＿＿

□(5) 切符，乗車券 ＿＿＿＿＿＿　□(6) 金持ちの ＿＿＿＿＿＿

1 次の文の（　）内から適する語を選び，○で囲みなさい。

(1) If I (live, lived) in Tokyo, I would often see my cousins.

(2) If he knew it, he (won't, wouldn't) come here.

(3) If I (am, were) young, I would climb the mountain.

2 次の日本文に合うように，＿＿に適する語を書きなさい。

(1) 私が車を持っていれば，あなたをそこへ連れて行ってあげるのに。

　　If I ＿＿＿＿＿＿ a car, I ＿＿＿＿＿＿ take you there.

(2) 私があなたなら，この帽子は買わないだろう。

　　If I ＿＿＿＿＿＿ you, I ＿＿＿＿＿＿ buy this cap.

(3) 晴れていれば，私たちは外で遊ぶことができるのに。

　　If it ＿＿＿＿＿＿ sunny, we ＿＿＿＿＿＿ play outside.

3 〔　〕内の語句を並べかえて，日本文に合う英文を書きなさい。

(1) もし彼の電話番号を知っていれば，電話するのに。

　　〔 phone number / knew / his / I / if 〕, I would call him.

　　＿＿＿＿＿＿＿＿＿＿＿＿＿＿＿＿＿, I would call him.

(2) 彼女が私たちのチームにいれば，試合に勝てるのに。

　　〔 team / were / if / in / she / our 〕, we could win the game.

　　＿＿＿＿＿＿＿＿＿＿＿＿＿＿＿＿＿, we could win the game.

ここが ポイント

仮定法
現在の事実とちがうことを言うとき
●〈if＋主語＋動詞の過去形〉「もし〜ならば」
●be 動詞は主語が I や三人称単数でも were をよく使う
●would「〜だろうに」could「〜できるのに」

anywhere は最初を強く発音しよう。

④ 次の各組の文がほぼ同じ内容を表すように，＿＿＿に適する語を書きなさい。

(1) {
I'm not a doctor, so I can't help them.
If I ＿＿＿＿＿＿ a doctor, I ＿＿＿＿＿＿ help them.
}

(2) {
It is rainy, so I can't play soccer.
If it ＿＿＿＿＿＿ rainy, I ＿＿＿＿＿＿ play soccer.
}

(3) {
I have a lot of homework, so I won't go out with my friends.
If I ＿＿＿＿＿＿ ＿＿＿＿＿＿ a lot of homework, I
＿＿＿＿＿＿ go out with my friends.
}

⑤ 次の英文を日本語になおしなさい。

(1) If I were not busy, I would watch the movie.

(　　　　　　　　　　　　　　　　　　　　　　　　)

(2) If you helped me, I could finish this.

(　　　　　　　　　　　　　　　　　　　　　　　　)

(3) If he were here, he would be glad.

(　　　　　　　　　　　　　　　　　　　　　　　　)

⑥ 次の日本文に合うように，＿＿＿に適する語を書きなさい。

(1) 彼は，有名な像の創作者です。

He is a ＿＿＿＿＿＿ of the famous statue.

(2) そのコンサートのチケットはどこで買えますか。

Where can I buy a ＿＿＿＿＿＿ for the concert?

(3) 私たちは新しい家へ引っ越します。

We will ＿＿＿＿＿＿ ＿＿＿＿＿＿ a new house.

(4) あのお金持ちの男の人は，どこへでも旅行に行けます。

That ＿＿＿＿＿＿ man can travel ＿＿＿＿＿＿.

Unit 6

WRITING Plus

次の各問いに対して，あなた自身の答えを英語で書きなさい。

(1) Could we live if we had no water on earth?

＿＿＿＿＿＿＿＿＿＿＿＿＿＿＿＿＿＿＿＿＿＿＿＿＿＿＿＿＿＿

(2) What would you do if you could speak English very well?

＿＿＿＿＿＿＿＿＿＿＿＿＿＿＿＿＿＿＿＿＿＿＿＿＿＿＿＿＿＿

(3) What would you do if you were very rich?

＿＿＿＿＿＿＿＿＿＿＿＿＿＿＿＿＿＿＿＿＿＿＿＿＿＿＿＿＿＿

(2)(3) I would ～で答える。

確認のワーク ステージ **1** **Unit 6** Lively Towns in Japan ③

解答 ▶ p.20

読 聞
書 話

📖 **教科書の** **要点** 仮定法（I wish＋過去形の文） 🎵 a34

I wish I could eat soup curry every day.

could＋動詞の原形 ◁「〜できればいいのに」

スープカレーを毎日食べる
ことができればいいのに。

要点 ┈┈┈┈

● 「〜であればいいのに」と現在の事実とちがう願望を表すときは，
〈I wish＋過去形の文〉を使う。
● be 動詞は主語が I や三人称単数でも，were を使うことが多い。
● 「〜できればいいのに」は〈could＋動詞の原形 〜〉で表す。

Words チェック 次の英語は日本語に，日本語は英語になおしなさい。

□(1) dishwasher （　　　　　　　） □(2) 観光客 ＿＿＿＿＿＿＿

□(3) 感情，気持ち ＿＿＿＿＿＿＿ □(4) 成績 ＿＿＿＿＿＿＿

1 次の文の（　）内から適する語を選び，〇で囲みなさい。

(1) I wish I (have, had) a dog.

(2) I wish I (can, could) fly like a bird.

(3) I wish you (were, was) here.

ここが ポイント

仮定法
現在の事実とちがう願望
を表す
● 〈I wish＋主語＋動詞
の過去形〉「〜であれば
いいのに」
● be 動詞は主語が I や
三人称単数でも were を
よく使う
● 〈I wish＋主語＋could
＋動詞の原形〉「〜でき
ればいいのに」

よく出る **2** 次の各組の文がほぼ同じ内容を表すように，＿＿に適する語を
書きなさい。

(1) { I'm sorry I can't go with you.
I wish I ＿＿＿＿＿＿ go with you.

(2) { I'm sorry she doesn't help us.
I wish she ＿＿＿＿＿＿ us.

(3) { I'm sorry I'm not a professional baseball player.
I wish I ＿＿＿＿＿＿ a professional baseball player.

3 次の日本文に合うように，＿＿に適する語を書きなさい。

(1) 私がもっとお金持ちならいいのに。

I wish I ＿＿＿＿＿＿ richer.

(2) あなたのように歌えたらいいのに。

I wish I ＿＿＿＿＿＿ sing like you.

(3) 私の息子がもっと一生懸命勉強してくれたらいいのに。

I wish my son ＿＿＿＿＿＿ harder.

🐛 local は [lóukəl] と発音するよ。日本語の「ローカル」の発音と区別しよう。

4 〔 〕内の語句を並べかえて，日本文に合う英文を書きなさい。ただし，下線部の語は適する形になおすこと。

ここがポイント

〈I wish＋主語＋動詞[助動詞]の過去形 〜〉の語順。
(3) be 動詞は主語が I や三人称単数でも were をよく使う。

(1) 学校の近くに住んでいればいいのに。

〔 my school / wish / near / I / I / <u>live</u> 〕.

_____ .

(2) 車を運転できればいいのに。

〔 a car / I / drive / <u>can</u> / wish / I 〕.

_____ .

(3) 彼が私たちといっしょにいてくれたらいいのに。

〔 he / <u>is</u> / I / us / wish / with 〕.

_____ .

5 次の英文を日本語になおしなさい。

表現メモ

(1) the way to 〜
「〜への道」

(1) I wish I knew the way to the museum.

(   )

(2) I wish I could travel around the world.

(   )

(3) I wish it were Sunday today.

(   )

6 次の日本文に合うように，＿＿＿に適する語を書きなさい。

ミス注意

(1)〜(3)すべて名詞の複数形。

(1) ジュンは良い成績を取って喜びました。

Jun was happy to get good _____ .

(2) 多くの観光客がこの寺の写真をとります。

Many _____ take pictures of this temple.

(3) 私は彼女の気持ちを理解しようとしました。

I tried to understand her _____ .

7 ケンタが望んでいることを書いたメモを見て例にならい，「〜であればいいのに」「〜できればいいのに」という文を書きなさい。

メモ
例 スマートフォンを持っていること

メモ
(1)ギターを上手に弾けること

メモ
(2)もっと背が高いこと

例 I wish I had a smartphone.

(1) I wish _____ .

(2) _____

Unit 6

確認のワーク ステージ**1** **Unit 6** (Read & Think) *Happa* Business 読聞書話

解答 ▶ p.20

📖 教科書の 要点 現在分詞，仮定法（復習） 🎵 a35

Yokoishi started <u>a new business</u> **dealing** with *happa* or leaves.

名詞 ↖修飾

横石さんは葉っぱを扱う新しい
ビジネスを始めました。

要点1

● 動詞の -ing 形は「〜している」という意味で，直前の名詞を説明する形容詞のようなはたらきをすることがある。これを**現在分詞**という。
●「〜された」という場合は，動詞の過去分詞形を使う。

If Kamikatsu **didn't** have this business, **I wouldn't** be so active.

動詞の過去形　「…ないなら」　would＋動詞の原形　「〜ないだろう」

上勝にこのビジネスがなければ，私はこんなに活発ではないでしょう。

要点2

●「もし…なら，〜だろうに」と現在の事実とちがうことを表すときは，〈If＋主語＋動詞の過去形，主語＋would＋動詞の原形 〜〉を使う。
●「〜できるのに」は〈could＋動詞の原形 〜〉で表す。

Words チェック 次の英語は日本語に，日本語は英語になおしなさい。

□(1) business （　　　　　　　） □(2) tiny （　　　　　　　）

□(3) active （　　　　　　　） □(4) decide to 〜 （　　　　　　　）

□(5) would not の短縮形 ＿＿＿＿＿ □(6) 半分 ＿＿＿＿＿

□(7) かわいらしい ＿＿＿＿＿ □(8) 心 ＿＿＿＿＿

1 次の（　）内から適する語を選び，〇で囲みなさい。

(1) The woman (stands, standing) there is Ms. Green.

(2) This is a letter (wrote, written) by Kumi.

(3) If I (didn't, don't) have a bicycle, I couldn't go there.

(4) I wish it (weren't, aren't) rainy today.

ここがポイント

「〜している…」
①名詞＋動詞の -ing 形＋語句
②動詞の -ing 形＋名詞

「〜された…」
①名詞＋動詞の過去分詞形＋語句
②動詞の過去分詞形＋名詞

よく出る **2** 次の文の＿＿に，（　）内の語を適する形にかえて書きなさい。

(1) He has a watch ＿＿＿＿＿＿ in Switzerland. （make）

(2) The boy ＿＿＿＿＿＿ a computer is my friend. （use）

(3) If I ＿＿＿＿＿＿ not sick, I would join the game. （be）

 Switzerland は「スイス」のこと。「スイスの〜」や「スイス人」は Swiss。

3 次の英文を読んで，あとの問いに答えなさい。

An elderly woman says, "If Kamikatsu ①(doesn't) have this business, I ②(won't) be so active.　Now ③I have no time to get sick."

The unique "happa business" ④[famous / Kamikatsu / made].　Since then, young people ⑤(訪れています) the town and decided to stay there.

(1)　①，②の（　）内の語を適する形にかえなさい。

①　_____

②　_____

(2)　下線部③とほぼ同じ内容を表すように，____に適する語を書きなさい。

I _____ have any time to get sick.

(3)　「上勝を有名にした」という意味になるように，下線部④の〔　〕内の語を並べかえなさい。

_____

UP (4)　⑤の（　）内の日本語を 2 語の英語で書きなさい。

_____ _____

ここが ポイント

(1)現在の事実とちがうことを表す仮定法「もし～なら」は〈if＋主語＋動詞の過去形〉。主節の助動詞も過去形にする。

思い出そう

(2)〈no＋名詞〉は「1つも～ない」の意味。否定語＋any ～「少しも[1つも]～ない」を使って書きかえられる。

---

4 次の各組の文がほぼ同じ内容を表すように，____に適する語を書きなさい。

(1)〈 Look at the boy who is walking with his dog.
　　Look at the boy _____ with his dog.

(2)〈 This is a picture which was drawn by Yumi.
　　This is a picture _____ by Yumi.

(3)〈 Do you know the boy?　He wears a blue shirt.
　　Do you know the _____ _____ a blue shirt?

ミス注意

(1) the boy 以下は「イヌと歩いている」なので，動詞の –ing 形にする。
(2) a picture 以下は「ユミによってかかれた」という受け身形なので，動詞の過去分詞形にする。

---

5 次の日本文に合うように，____に適する語を書きなさい。

(1)　私はとても忙しいので，今は出かけることができません。

I'm _____ busy _____ I can't go out now.

(2)　私の兄は留学する決心をしました。

My brother _____ _____ study abroad.

(3)　彼らの約半分は以前サッカーをしたことがあります。

About _____ of them have played soccer before.

(4)　彼はピアノを熱心に練習し続けました。

He _____ _____ practice the piano hard.

表現メモ

(1)「とても～なので…だ」〈so ～ that 主語＋動詞〉
(2)「～する決心をする」〈decide to＋動詞の原形〉
(4)「～し続ける」〈continue to＋動詞の原形〉

Unit 6 Read & Think

確認のワーク ステージ 1 Express Yourself 自分の住む町[県・市・村]の
名所・名物を紹介しよう。 解答 ▶ p.21 読聞書話

教科書の 要点 　自分の住む町[県・市・村]の名所・名物を紹介する a36

My town **is famous for** the old temple.
〜で有名です

私の町は古い寺で有名です。

It has a large tower.

その寺には大きな塔があります。

Many foreign tourists come **to see** the tower.
to＋動詞の原形　見るために

多くの外国人旅行者がその塔を見に来ます。

要点
- ●be famous for 〜は「〜で有名だ」という意味。be 動詞は主語や時制に合わせて変わる。
- ●〈to＋動詞の原形〉で「〜するために」という目的を表す（副詞的用法）。

Words チェック　次の英語は日本語に，日本語は英語になおしなさい。

□(1)　thunder 　　（　　　　　　）　□(2)　gate 　（　　　　　　）

□(3)　町 　　　　　　　　　　　　　□(4)　村

1 次の日本文に合うように，＿＿に適する語を書きなさい。

(1)　私の町には大きな庭園があります。

My town ＿＿＿＿＿＿ a large ＿＿＿＿＿＿.

(2)　私の市は美しい城で有名です。

My city is ＿＿＿＿＿＿＿＿ a beautiful castle.

(3)　1000 年以上前に建てられたお寺を見ることができます。

You can see a temple ＿＿＿＿＿＿ more ＿＿＿＿＿＿

1000 years ago.

> **表現メモ**
> ●「〜がある」
> 主語＋has 〜. /
> There is[are] 〜.
> ●「〜で有名だ」
> be famous for 〜

2 〔　〕内の語を並べかえて，日本文に合う英文を書きなさい。

(1)　多くの人々がうどんを食べるためにこの市を訪れます。

〔 eat / visit / many / this / udon / to / people / city 〕.

＿＿＿＿＿＿＿＿＿＿＿＿＿＿＿＿＿＿＿＿＿＿＿.

(2)　公園内を歩きまわっているシカを見ることができます。

〔 park / walking / deer / around / can / the / see / you 〕.

＿＿＿＿＿＿＿＿＿＿＿＿＿＿＿＿＿＿＿＿＿＿＿.

> **ミス注意**
> (1)「〜するために」〈to
> ＋動詞の原形〉は文の最
> 後に置く。
> (2)「シカ」の後ろに説明
> を付け加える。

意味のまとまりを意識して読もう。The large lantern / hanging from the gate / is four meters tall.

関係代名詞 / 分詞による修飾

文法のまとめ ④

解答 p.21

読 聞
書 話

まとめ

① 関係代名詞の種類

先行詞 ＼ 関係代名詞	主格	目的格
人	who	that
もの・動物	which	which
人・もの・動物	that	that

目的格の関係代名詞は省略できる

② 主格の関係代名詞

● 〈who[which, that] ＋動詞(＋〜)〉の形で名詞を後ろから説明する。

● 直前にある名詞は，関係代名詞以下の文の動詞の主語にあたる。

　　　I have a brother who studies science. （私には科学を勉強する兄がいます。）

③ 目的格の関係代名詞

● 〈which[that] ＋主語＋動詞(＋〜)〉の形で名詞を後ろから説明する。

● 直前にある名詞は，関係代名詞以下の文の動詞の目的語にあたり，この場合 which[that]は省略できる。

　　　This is the letter which I wrote ___. （これは私が書いた手紙です。）

④ 〜ing 形(現在分詞)を用いた修飾

● 動詞の〜ing 形(現在分詞)は，「〜する，している」の意味で名詞を後ろから説明する。

　　　Look at the man reading the magazine. （雑誌を読んでいる男の人を見て。）

⑤ 過去分詞を用いた修飾

● 動詞の過去分詞は，「〜される，された」の意味で名詞を後ろから説明する。

　　　He has a computer made in Japan. （彼は日本製のコンピューターを持っています。）

Express Yourself 〜文法のまとめ 4

練習

1 次の文の( )内から適する語を選び，○で囲みなさい。

(1) He is the boy (who / which) can speak English well.

(2) I've just read e-mails (who / that) you sent me this morning.

(3) The pen (found / finding) under the desk was mine.

(4) I have a friend (studied / studying) German.

2 次の日本文に合うように，___ に適する語を書きなさい。

(1) エミーは青い目をした少女です。

　　　Emmy is a girl _____ _____ blue eyes.

(2) 弟と遊んでいるイヌは私たちのペットです。

　　　The dog _____ with my brother is our pet.

文法 のまとめ⑤ 仮定法

解答 ▶ p.21

読 聞
書 話

まとめ

① If を使った仮定法

● 「もし…ならば，〜だろうに／〜できるのに」と現在の事実とちがうことを表すときは，〈If ＋主語＋動詞の過去形…，主語＋would / could＋動詞の原形 〜〉を使う。

If I had money, I could buy the house.　　　　（もしお金を持っていれば，
　　過去形　…ならば　　could＋動詞の原形　〜できるのに　　　その家を買えるのに。）

● be 動詞は主語が I や三人称単数でも，were を使うことが多い。

If I were you, I would not do such a thing.　　（もし私があなたなら，そ
　　過去形　…ならば　would＋動詞の原形　〜だろうに　　　んなことはしないだろう。）

② wish を使った仮定法

● 「〜であればいいのに」と現在の事実とちがう願望を表すときは，〈I wish＋主語＋過去形〉を使う。

I wish I had a car.　（実際には車を持っていない）
　　　　　過去形　〜であればいいのに　　　　　　（車を持っていればいいのになあ。）

● 「〜できればいいのに」は〈could＋動詞の原形〉で表す。

I wish I could play the piano.　（実際にはピアノを弾けない）
　　　　could＋動詞の原形　〜できればいいのに　　　（ピアノを弾くことができればいいのに。）

練習

1 次の文の（ ）内から適する語を選び，○で囲みなさい。

時制に注意
しよう。

(1) If I knew her name, I (will / would) tell you.

(2) If he (is / were) not busy, he could go there.

(3) I wish I (am / were) a bird.

(4) I wish I (could / were) speak English well.

2 次の各組の文がほぼ同じ内容を表すように，＿＿に適する語を書きなさい。

(1) ｛ I am sick, so I cannot go swimming.
　　 If I ＿＿＿＿＿＿ not sick, I ＿＿＿＿＿＿ go swimming.

(2) ｛ I'm sorry I don't know how to play *shogi*.
　　 I wish ＿＿＿＿＿＿ ＿＿＿＿＿＿ how to play *shogi*.

3 次の日本文に合うように，＿＿に適する語を書きなさい。

(1) あなたがもっと一生懸命勉強すれば，科学者になることができるのに。

If you ＿＿＿＿＿＿ harder, you ＿＿＿＿＿＿ be a scientist.

(2) 彼女がここにいればなあ。

I wish she ＿＿＿＿＿＿ here.

確認のワーク　ステージ1

Let's Talk 6 道案内 2
Let's Listen 2 ツアーガイドの案内

読 聞 書 話

教科書の 要点　目的地までの所要時間や値段などをたずねる　♪ a37

動詞の原形
How long does it take to get to the airport?
「〜するのにどのくらい時間がかかりますか」

空港に着くまでどのくらい時間がかかりますか。

名詞
How much is the fare to the airport?
「料金はいくらですか」

空港までの料金はいくらですか。

要点
● 所要時間をたずねるときの表現,「どのくらい時間がかかりますか」は〈How long does it take＋to＋動詞の原形 〜?〉で表す。
● 値段をたずねるときの表現,「〜はいくらですか」は〈How much is[are] 〜?〉で表す。

Words チェック　次の英語は日本語に, 日本語は英語になおしなさい。

□(1) found 　(　　　　　) 　□(2) object 　(　　　　　)
□(3) a view of 〜 (　　　　) 　□(4) 空港 _____
□(5) 地下鉄 _____ 　□(6) 料金 _____

1 次の対話が成り立つように, □に適するものを下のア〜ウから選んで記号を書きなさい。

Kumi : Excuse me. 　(1)

A woman : Let me see.　I recommend the bus.

Kumi : 　(2)

A woman : It takes about 20 minutes.

Kumi : 　(3)

A woman : It's 300 yen.

ア　How long does it take to get there?
イ　How much is the fare?
ウ　How can I get to the aquarium?

(1) 〔 　　 〕
(2) 〔 　　 〕
(3) 〔 　　 〕

まるごと暗記

所要時間をたずねる表現
How long does it take to 〜?
「〜するのにどのくらい時間がかかりますか」

値段をたずねる表現
How much is[are] 〜?
「〜はいくらですか」

文法のまとめ 5 〜 Let's Listen 2

2 次の日本文に合うように, ＿＿に適する語を書きなさい。

(1) 駅に着くまでどのくらい時間がかかりますか。

_____ _____ does it _____ to get to the station?

(2) 15 分くらいかかります。

It _____ about 15 _____.

(3) 駅までの料金はいくらですか。

_____ _____ is the fare to the station?

ことばメモ

second「〜秒」
minute「〜分」
hour「〜時間」

Excuse me. は声をかけるときは下げて(↘), 相手のことばを聞き返すときは上げて(↗)言おう。

 ステージ 1 **Project 2** 日本の伝統行事を紹介しよう

解答▶p.22
 読|聞 書|話

 教科書の **要点** ウェブサイトにのせる日本の伝統行事の紹介文を書いて発表する ♪ a38

Dolls' Festival **is held** in March.　　　　ひな祭りは3月に行われます。

It is a festival for young girls.　　　　若い女の子のための祭りです。

They decorate dolls **to pray** for their healthy and happy life.
〈to＋動詞の原形〉　彼女たちの健康で幸福な人生を祈るために人形を飾ります。

要点
- ●「〜は開催されます」は，〜 is held で表す。held は hold の過去分詞形。
- ●「〜のための祭りです」は，It is a festival for 〜で表す。
- ●〈to＋動詞の原形〉で目的を表すことがある（副詞的用法）。「〜するために」という意味になる。

1 次の日本文に合うように，＿＿に適する語を書きなさい。

(1) 七夕は7月7日に行われます。
Star Festival ＿＿＿＿＿＿ ＿＿＿＿＿＿ on July 7.

(2) 多くの人々がサクラの花を見に出かけます。
Many people go out ＿＿＿＿＿＿ see cherry blossoms.

(3) それは女の子のための祭りです。
It's a ＿＿＿＿＿＿ ＿＿＿＿＿＿ girls.

(4) 大みそかにはソバが食べられます。
Soba ＿＿＿＿＿＿ ＿＿＿＿＿＿ on New Year's Eve.

ミス注意
(1)(4)受け身形〈be動詞＋動詞の過去分詞形〉にする。

ここがポイント
(2)「見に」→「見るために」〈to＋動詞の原形〉を使って表す。「〜するために」という意味。

2 次の文を（ ）内の指示にしたがって書きかえなさい。

(1) They call the festival Bon Odori.
（「呼ばれている」という受け身の文に）

＿＿＿＿＿＿＿＿＿＿＿＿＿＿＿＿＿＿＿＿

(2) On Sports Day, many sports events hold all over Japan.
（下線部を適する形にかえて）

＿＿＿＿＿＿＿＿＿＿＿＿＿＿＿＿＿＿＿＿

(3) People throw beans at a person wear an *Oni* mask.
（下線部を適する形にかえて）

＿＿＿＿＿＿＿＿＿＿＿＿＿＿＿＿＿＿＿＿

ことばメモ
祝祭日・年中行事
Star Festival「七夕」
Dolls' Festival「ひな祭り」
Cherry Blossom Viewing「花見」
Sports Day「スポーツの日」
New Year's Eve「大みそか」

 cherry blossom：サクラ，event：イベント，催し，mask：お面

解答 p.22

ステージ **1** Further Study 1 ディスカッションをしよう 読 聞 書 話

教科書の **要点** 制服は必要かどうかについて, 自分の立場を決めて意見交換する ♪ a39

主語＋動詞 　　　　　　　　　　 主語＋動詞

I think we need it because it is useful.

「私は～と思います」　　　　「なぜならば～」
意見, 考えを述べる　　　　理由を述べる

私は, それは役に立つので, 必要だと思います。

要点 ....

● 意見とその理由を言うときは I think ～ because ... 「～だと思う。なぜならば…」や

　I don't think ～ because ... 「～だと思わない。なぜならば…」などを使うとよい。

● think や because のあとは文〈主語＋動詞〉を置く。

● ディスカッションでよく使う表現

　□ I don't think so.　私はそう思いません。

　□ I don't agree with you.　私はあなたに賛成ではありません。

　□ I think so, too.　私もそう思います。

　□ I agree with you.　私はあなたに賛成です。

　□ How about you?　あなたはどうですか。

　□ What do you think?　あなたはどう思いますか。

Words チェック 次の英語は日本語に, 日本語は英語になおしなさい。

□(1) economical 　　（ 　　　　　　　 ）　□(2) ～に賛成する 　＿＿＿＿＿＿＿

□(3) ～で悩む 　＿＿＿＿＿＿＿＿

① (　)の日本語を参考に, ＿＿＿に適する語を書きなさい。

(1) A : I ＿＿＿＿＿＿＿ club activities are important.

　　（重要だと思います）

　B : I ＿＿＿＿＿＿＿ ＿＿＿＿＿＿＿ you. （賛成です）

(2) A : I think children should have cell phones ＿＿＿＿＿＿＿

　　they are useful to protect children. （なぜならば）

　　＿＿＿＿＿＿＿ ＿＿＿＿＿＿＿ you?

　　（あなたはどうですか）

　B : That may ＿＿＿＿＿＿＿ ＿＿＿＿＿＿＿, but I don't

　　think they are necessary for children.

　　（正しいかもしれません）

まるごと暗記

I agree with you.
「あなたに賛成です」
I think so, too.
「私もそう思います」
How about you?
「あなたはどうですか」

② 次の(　)内から適する語を選び, ○で囲みなさい。

(1) I don't agree (for, with) you.

(2) I think (so, it), too.

(3) I worry (with, about) how to study English.

表現メモ

agree のあとの前置詞
に注意
agree with ～
→〈人〉の意見・考えに同
意する。
agree to ～
→計画・申し出など〈も
の〉に同意する。

clothes の発音は [klóu(ð)z]。clothes の -es は特別, [-iz] と発音しないよ。

Project 2 ～ Further Study 1

解答 ▶ p.22

確認 のワーク ステージ 1 Further Study 2 中学校生活の思い出を書こう 読 聞 書 話

教科書の 要点 中学校生活の思い出を，エピソードや感想を交えて書く ♪ a40

My best memory is the ball game competition.
「私のいちばんの思い出は〜です」

私のいちばんいい思い出は球技大会です。

Our team won first prize.

私たちのチームは一等賞を取りました。

I was happy to win first prize.
〈to＋動詞の原形〉 「〜して」（感情の原因）

私は一等賞を取ってうれしかったです。

要点

- ●「私のいちばんいい[最高の]思い出は〜です」は My best memory is 〜. で表すことができる。best は good の最上級。
- ●「〜しました」は動詞の過去形で表す。
  規則動詞の過去形は (e)d をつける。不規則動詞の過去形は不規則に変化する。
- ●「〜して」という意味で，感情の原因を〈to＋動詞の原形〉で表すことがある。

Words チェック　次の英語は日本語に，日本語は英語になおしなさい。

□(1)　loud　　　　　（　　　　　　　）　　□(2)　graduation ceremony （　　　　　　　）

□(3)　entrance ceremony （　　　　　　）　　□(4)　喜び　　　　＿＿＿＿＿＿＿

□(5)　〜を抱きしめる　＿＿＿＿＿＿＿　　□(6)　〜に腹を立てる　＿＿＿＿＿＿＿

□(7)　send の過去形　＿＿＿＿＿＿＿　　□(8)　sing の過去形　＿＿＿＿＿＿＿

1 次の文を過去の文に書きかえるとき，＿＿＿に適する語を書きなさい。

(1)　We practice volleyball very hard after school.

　　We ＿＿＿＿＿＿＿ volleyball very hard after school.

(2)　I take many pictures during the school trip.

　　I ＿＿＿＿＿＿＿ many pictures during the school trip.

(3)　Jun wins second prize at the speech contest.

　　Jun ＿＿＿＿＿＿＿ second prize at the speech contest.

(4)　Our teacher tells us to do our best.

　　Our teacher ＿＿＿＿＿＿＿ us to do our best.

> **まるごと暗記**
> 不規則動詞の過去形
> take → took
> win → won
> tell → told

2 次の英文の下線部を日本語になおしなさい。

(1)　My best memory is the school festival.

　　（　　　　　　　　　　　　　　　　　　　　）は文化祭です。

(2)　I was excited to visit Kyoto with all my classmates.

　　（　　　　　　　　　　　　　　　　　　　）私はわくわくしました。

> **ここがポイント**
> (2)〈to＋動詞の原形〉は「〜して」という意味で感情の原因を表すことがある。

hugged は[hʌɡd]，jumped は[dʒʌmpt]，wanted は[wántid]と発音するよ。

3 〔　〕内の語句を並べかえて，日本文に合う英文を書きなさい。

よく出る

(1) 私の最高の思い出は体育祭です。

〔 sports / is / memory / festival / best / the / my 〕.

_____ .

(2) 私たちは試合に勝つために熱心に練習しました。

〔 win / practiced / we / the game / to / hard 〕.

_____ .

(3) 私は結果を聞いてとても驚きました。

〔 the result / hear / surprised / to / was / I / very 〕.

_____ .

ここがポイント

(2)〈to＋動詞の原形〉は「〜するために」という意味で目的を表し，動詞を修飾することがある。

4 次の日本文に合うように，_____ に適する語を書きなさい。

(1) 私たちはお互いに抱きしめ合いました。

We _____ _____ _____ .

(2) 田中先生は私たちに腹を立てました。

Mr. Tanaka got _____ _____ us.

(3) 私たちは大きな声で歌いました。

We _____ with _____ voices.

(4) 彼女はよろこんでほほえんでいました。

She was smiling _____ _____ .

表現メモ

(4) with＋抽象名詞
　→副詞
joy「よろこび」のように形がなく，感覚的な名詞を「抽象名詞」という。〈with＋抽象名詞〉は副詞になる。
with joy「よろこんで」

5 次の日本語を（　）内の語を使って英語になおしなさい。

(1) 私はクラスメートと踊れてうれしかったです。　（ to ）

_____

(2) 私たちの先生は熱心に勉強するように私たちに言いました。

（ told ）

_____

(3) そのコンテストで一等を取るために，私たちはお互いに助け合いました。　（ to ）

_____

ミス注意

(2)「人に〜するように言う」は〈tell＋人＋to＋動詞の原形〉の語順。

6 ユカの中学校生活の思い出についてのメモを見て，_____ に適する語を書きなさい。

(1) My _____ memory is the drama contest.

(2) It was _____ on _____ 28.

(3) We worked hard to _____ for that day.

(4) I was disappointed because we couldn't

win any _____ , but I was happy

_____ play a drama with my classmates.

最高の思い出：演劇コンテスト
開催日：9月28日
エピソード：コンテストの日に備えて，熱心に取り組んだ。
感想：賞を取れなくてがっかりしたが，クラスメートといっしょに劇をして楽しかった。

Further Study 2

解答　p.23

Let's Read 1 **The Last Leaf**

読│聞
書│話

● 以下の英文を読み，あとの問いに答えなさい。

"①<u>I have something to tell you</u>," Sue said.　"Mr. Behrman died of pneumonia today in the hospital.　When the caretaker found him in his room, his shoes and his clothes were wet and cold.　Also, he found a lantern, a ladder, some brushes, and a palette.　②<u>～がありました</u> green and yellow paints on the palette."

Sue continued.　"Look out the window, dear, at the last leaf on the wall.　Didn't 　5 you ③[moved / it / wonder / never / why] when the wind blew?　Oh, my dear, it is Behrman's great masterpiece.　The last leaf fell that night.　He painted another last leaf for you ④<u>～の間に</u> the stormy night."　　10

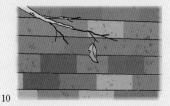

Question

⑴　下線部①の英文を日本語になおしなさい。
（　　　　　　　　　　　　　　　　　　　　　　　　　　　　　　　　　　）

⑵　下線部②，④の日本語を英語になおしなさい。
②＿＿＿＿＿＿＿＿＿＿＿＿＿　（2語）
④＿＿＿＿＿＿＿＿＿＿＿＿＿　（1語）

⑶　③の[　]内の語を並べかえて，意味の通る英文にしなさい。
Didn't you ＿＿＿＿＿＿＿＿＿＿＿＿＿＿＿＿＿ when the wind blew?

⑷　本文の内容に合うように，次の問いに英語で答えなさい。
　1.　Did the leaf painted by Mr. Behrman fall?
　　　＿＿＿＿＿＿＿＿＿＿＿＿＿＿＿＿＿＿＿＿＿＿＿＿＿＿＿＿＿
　2.　Why did Mr. Behrman's palette have green and yellow paints?
　　　＿＿＿＿＿＿＿＿＿＿＿＿＿＿＿＿＿＿＿＿＿＿＿＿＿＿＿＿＿

次の英語は日本語に，日本語は英語になおしなさい。

⑴　count　　　　（　　　　　　）　⑵　corner　　　　　（　　　　　　）
⑶　blow　　　　（　　　　　　）　⑷　at the same time（　　　　　　）
⑸　die of ～　　（　　　　　　）　⑹　wet　　　　　　（　　　　　　）
⑺　緑色の　　　＿＿＿＿＿＿　　⑻　風　　　　　　＿＿＿＿＿＿
⑼　低い　　　　＿＿＿＿＿＿　　⑽　同じ　　　　　＿＿＿＿＿＿

解答 p.23

Let's Read 2 Origami Ambassador

読 聞
書 話

● 以下の英文を読み，あとの問いに答えなさい。

　　There was a man ①(call) "the origami ambassador."　He traveled around the world with a heavy backpack full of origami paper.　②He could (　　　) see (　　　) (　　　).

　　His name was Kase Saburo.　He lost his eyesight when he was about ten.　He started origami just for fun.　③最初は, people said ④[to / for / it / origami / was / him / impossible / fold].　Still, he learned origami by touching other people's works.　Moreover, he ⑤〜し始めた create original works.

5

Question ·····

(1)　①の(　)内の語を適する形にかえなさい。　　　　　　_____

(2)　下線部②が「彼はまったく見ることができませんでした」という意味になるように，(　)
　　に適する語を書きなさい。

　　　He could _____ see _____ _____.

(3)　下線部③，⑤の日本語をそれぞれ2語の英語になおしなさい。

　　　③ _____ _____　　　⑤ _____ _____

(4)　下線部④の〔　〕内の語を並べかえて，意味の通る英文にしなさい。

　　　_____

(5)　本文の内容に合うように，次の問いに英語で答えなさい。

　ｌ.　What did Kase take when he traveled around the world?

　　　_____

　２.　How did Kase learn how to fold origami?

　　　_____

Let's Read 1〜2

（略）

次の英語は日本語に，日本語は英語になおしなさい。

(1)　full　　　　　　　(　　　　　　)　　(2)　be afraid of 〜　(　　　　　　)

(3)　at the end of 〜　(　　　　　　)　　(4)　simple　　　　　(　　　　　　)

(5)　in spite of 〜　　(　　　　　　)　　(6)　teach の過去形　_____

(7)　不可能な　　　　_____　　(8)　病気　　　　　　_____

(9)　困難　　　　　　_____　　(10)　年齢　　　　　　_____

定着のワーク ステージ **2** Unit 6 〜 Let's Read 2

読 聞
書 話

解答 ▶ p.23

1 LISTENING 英語を聞いて，質問に対する答えとして適するものを１つ選び，記号で答えなさい。

♪ l11

ア

（　　）

イ

ウ

2 次の文の＿＿に，（　）内の語を適する形にかえて書きなさい。

(1) The boy ＿＿＿＿＿＿ with Satoru is his brother. (talk)

(2) Kyoto is a city ＿＿＿＿＿＿ by many people. (visit)

(3) Look at the boys ＿＿＿＿＿＿ soccer in the park. (play)

(4) I like the photo ＿＿＿＿＿＿ by Mike. (take)

3 次の英文の＿＿に適する語を〔　　〕から選び，書きなさい。

(1) If I ＿＿＿＿＿＿ a computer, I would send him an e-mail.

(2) If it ＿＿＿＿＿＿ not rainy, I could go there by bicycle.

(3) I wish I ＿＿＿＿＿＿ speak English like you.

〔 can　could　is　were　have　had 〕

4 次の各組がほぼ同じ内容を表すように，＿＿に適する語を書きなさい。

(1) { I have a friend.　She lives in America.
　　{ I have a friend ＿＿＿＿＿＿ in America.

(2) { This is a house.　It was built 100 years ago.
　　{ This is a house ＿＿＿＿＿＿ 100 years ago.

レベルUP (3) { I am busy, so I can't go shopping.
　　　{ If I ＿＿＿＿＿＿ not busy, I ＿＿＿＿＿＿ go shopping.

5 次の日本文に合うように，＿＿に適する語を書きなさい。

(1) 私はとても疲れていたので家に帰りました。

I was ＿＿＿＿＿＿ tired ＿＿＿＿＿＿ I went home.

(2) 彼女はイヌをこわがっています。

She ＿＿＿＿＿＿ ＿＿＿＿＿＿ ＿＿＿＿＿＿ dogs.

(3) その庭は花でいっぱいです。

The garden is ＿＿＿＿＿＿ ＿＿＿＿＿＿ flowers.

重要ポイント

1 現在分詞を注意して聞き取ろう。

2 すべて，空所の前の名詞を現在分詞または過去分詞で修飾している。

テストに◎出る！
前の名詞を「〜している…」と説明するときは現在分詞，「〜された…」と説明するときは過去分詞を使う。

3 すべて，仮定法の文。動詞や助動詞は過去形にする。

4 (3)仮定法では，be動詞は主語に関係なく were を使うことが多い。

テストに◎出る！
仮定法「もし〜ならば…だろうに」
〈If＋主語＋動詞の過去形，主語＋助動詞の過去形（would［could］など）＋動詞の原形 〜〉で，現実ではない想像を表す。

5 (1)「とても〜なので…」は〈so 〜 that＋主語＋動詞〉で表す。

6 次の対話文を読んで，あとの問いに答えなさい。

Emily : ①〔 word / heard / often / I've / the 〕 *yuru-kyara.*   What is it?

Aoi : It's a mascot character of a local government or a
company.

Emily : Oh, I like the cat mascot ②(wear) a red *kabuto.*
It's ③(とてもかわいい).

(1) 下線部①の〔　〕内の語を並べかえて，意味の通る英文にしなさい。

_____ *yuru-kyara.*

(2) ②の（　）内の語を適する形にかえなさい。

_____

(3) ③の（　）内の日本語を 2 語の英語になおしなさい。

_____ _____

(4) 本文の内容に合うように（　）内に適する日本語を書きなさい。
ゆるキャラとは，（　　　　　）や（　　　　　）のマスコットキ
ャラクターのことです。

7 〔　〕内の語句を並べかえて，日本文に合う英文を書きなさい。た
だし，下線部の語は適する形になおすこと。

(1) サッカーは世界中で愛されているスポーツです。
〔 a sport / is / soccer / love 〕 all over the world.

_____ all over the world.

(2) 私はあの木の下で本を読んでいる少年を知りません。
I don't know 〔 a book / read / that tree / the boy / under 〕.
I don't know _____ .

(3) もし歯が痛くなければ，そのケーキを食べるだろうに。
〔 I / don't / if / a toothache / have 〕, I would eat the cake.

_____ , I would eat the cake.

8 次の日本文を英語になおしなさい。

(1) 音楽を聞いている女の子はハルカです。

_____

(2) 私が車を運転できればなあ。

_____

重要ポイント

6 (1) I've は I have の短
縮形。現在完了形の文に
する。

(2)〈名詞＋現在分詞(＋~)〉
で「赤い兜をかぶってい
るネコのマスコット」と
いう表現にする。

7 (1)「愛されているスポ
ーツ」→〈名詞＋過去分
詞(＋~)〉

(2)「読んでいる少年」→〈名
詞＋現在分詞(＋~)〉

(3)「もし~ならば」→〈If
＋主語＋動詞の過去形
~〉

8 (1)「聞いている女の子」
→〈名詞＋現在分詞(＋
~)〉

(2)「~できればいいのに」
→〈I wish＋主語＋could
＋動詞の原形~〉

テストに◎出る！

**仮定法「~であればい
いのに」**
〈I wish＋主語＋動詞
の過去形~〉で，現在
の事実とはちがう願望
を表す。

ちょっと **BREAK** 「担任の先生」は英語で何と言うでしょうか。　　　　　➡答えは次のページ

解答 p.24

実力判定テスト ステージ **3** **Unit 6** 〜 **Let's Read 2** **30**分 /100 読 聞 書 話

🎧 **1** LISTENING 対話と質問を聞いて，質問に対する答えとして適するものを1つ選び，記号で答えなさい。

♪ l12 2点×3(6点)

(1) ア Ms. Suzuki is.　　　イ Yes, he does.　　　ウ They don't know.
エ The man who is talking with Ms. Suzuki.　　　(　　)

(2) ア Yes, she does.　　　イ No, she doesn't.
ウ Yes, she had.　　　エ No, she didn't.　　　(　　)

(3) ア By subway.　　　イ It's 220 yen.
ウ About 10 minutes.　　　エ To the art museum.　　　(　　)

2 次の日本文に合うように，＿＿に適する語を書きなさい。 3点×4(12点)

(1) 彼は新しいコンピューターを買う決心をしました。
He ＿＿＿＿＿＿ ＿＿＿＿＿＿ buy a new computer.

(2) 私はエマに賛成です。テストは学生にとって役に立ちます。
I ＿＿＿＿＿＿ ＿＿＿＿＿＿ Emma. Tests are useful for students.

(3) 城に着くまでどのくらい時間がかかりますか。
＿＿＿＿＿＿ ＿＿＿＿＿＿ does it ＿＿＿＿＿＿ to get to the castle?

(4) [(3)に答えて] 約15分かかります。
＿＿＿＿＿＿ ＿＿＿＿＿＿ about 15 minutes.

3 次の各組の文がほぼ同じ内容を表すように，＿＿に適する語を書きなさい。

5点×3(15点)

(1) { I like the picture. Sayuri painted it.
I like the picture ＿＿＿＿＿＿ ＿＿＿＿＿＿ Sayuri.

(2) { The doctors are very busy. They are working in this hospital.
The doctors ＿＿＿＿＿＿ in this hospital are very busy.

(3) { I'm sorry I don't know what this plant is called in English.
I ＿＿＿＿＿＿ I ＿＿＿＿＿＿ what this plant is called in English.

4 次の文の＿＿に，（ ）内の語を適する形にかえて書きなさい。また，できた英文を日本文になおしなさい。 3点×3(9点)

(1) Bob is reading a letter ＿＿＿＿＿＿ from his father. (send)
(　　　　　　　　　　　　　　　　　　　　　　　　　　　　)

(2) The boy ＿＿＿＿＿＿ a new bike is Kenta. (ride)
(　　　　　　　　　　　　　　　　　　　　　　　　　　　　)

(3) If I ＿＿＿＿＿＿ enough money, I could buy a big house. (have)
(　　　　　　　　　　　　　　　　　　　　　　　　　　　　)

ちょっとBREAKの答え homeroom teacher と言います。

目標 ●後置修飾のさまざまな形や意味の違いを理解したり，仮定法を使って現在の事実と違うことを表現できるようにしましょう。

自分の得点まで色をぬろう！

かんばろう！ もう一歩 合格！
0　　　　　　　　　　　　　　60　　80　　100点

5 次の英文を読んで，あとの問いに答えなさい。 (計20点)

①Have you ever eaten soup curry?　It was ②(create) as a local food of Sapporo.　Later, it ③(become) famous across Japan and overseas.　Many visitors go to Sapporo and enjoy soup curry.　I also like soup curry very much.

(1)　下線部①を日本語になおしなさい。 (6点)

（　　　　　　　　　　　　　　　　　　　　　　　　　　　　　）

(2)　②，③の（　）内の語を適する形にかえなさい。 4点×2(8点)

②　＿＿＿＿＿＿＿　③　＿＿＿＿＿＿＿

(3)　本文の内容に合うように，＿＿に適する語を書きなさい。 2点×3(6点)

Soup curry was made as a ＿＿＿＿＿＿＿ ＿＿＿＿＿＿＿ of Sapporo.　Now it is ＿＿＿＿＿＿＿ all over Japan and overseas.

6 〔　〕内の語句を並べかえて，日本文に合う英文を書きなさい。 5点×4(20点)

(1)　これらは私のおばがアメリカで撮った写真です。

〔 America / aunt / are / in / taken / these / my / pictures / by 〕.

＿＿＿＿＿＿＿＿＿＿＿＿＿＿＿＿＿＿＿＿＿＿＿＿＿＿＿＿．

(2)　英語を上手に話しているその少女はカナダに住んでいました。

〔 Canada / in / English / speaking / the girl / lived / well 〕.

＿＿＿＿＿＿＿＿＿＿＿＿＿＿＿＿＿＿＿＿＿＿＿＿＿＿＿＿．

(3)　あなたたちといっしょに旅行に行ければいいのですが。

〔 you / go / wish / I / I / on / with / a / could / trip 〕.

＿＿＿＿＿＿＿＿＿＿＿＿＿＿＿＿＿＿＿＿＿＿＿＿＿＿＿＿．

(4)　もしお金を持っていたら，そのテレビゲームが買えるのに。

〔 could / I / game / if / I / had / the / buy / video / money / , 〕.

＿＿＿＿＿＿＿＿＿＿＿＿＿＿＿＿＿＿＿＿＿＿＿＿＿＿＿＿．

7 次の日本文を英語になおしなさい。ただし，（　）内の語句を必要であれば適切な形にかえて使うこと。 6点×3(18点)

(1)　私は英語で書かれた本を2冊買いました。　（ write ）

(2)　その山を越えて飛んでいる飛行機は鳥のように見えました。　（ fly ）

(3)　私があなたならば，そんなことはしないだろう。　（ if, be ）

▶ 定期テスト対策　予想問題 第6回，第7回 p.124〜128

Unit 6 〜 Let's Read 2

 **不規則動詞活用表**

⭐ 不規則動詞の変化を覚えよう。

※[ ]は発音です。

型	原　形	現在形	過去形	過去分詞形	-ing形
①	be （〜になる，〜である）	am / are / is	was / were	been	being
	begin （始める）	begin(s)	began	begun	beginning
	do （する，行う）	do / does	did	done[dʌn]	doing
	drink （飲む）	drink(s)	drank	drunk	drinking
	eat （食べる）	eat(s)	ate	eaten	eating
	fly （飛ぶ）	fly / flies	flew[fluː]	flown	flying
	give （与える）	give(s)	gave	given	giving
	go （行く）	go(es)	went	gone	going
	know （知る，知っている）	know(s)	knew	known	knowing
	see （見る）	see(s)	saw	seen	seeing
	speak （話す）	speak(s)	spoke	spoken	speaking
	swim （泳ぐ）	swim(s)	swam	swum	swimming
	take （とる，持っていく）	take(s)	took	taken	taking
	write （書く）	write(s)	wrote	written	writing
②	bring （持ってくる）	bring(s)	brought	brought	bringing
	build （建てる）	build(s)	built	built	building
	buy （買う）	buy(s)	bought	bought	buying
	catch （つかまえる）	catch(es)	caught	caught	catching
	find （見つける）	find(s)	found	found	finding
	get （(状態)になる）	get(s)	got	got, gotten	getting
	have （持っている，食べる）	have, has	had	had	having
	hear （聞く）	hear(s)	heard	heard	hearing
	keep （続ける）	keep(s)	kept	kept	keeping
	leave （出発する）	leave(s)	left	left	leaving
	lose （失う）	lose(s)	lost	lost	losing
	make （作る）	make(s)	made	made	making
	meet （会う）	meet(s)	met	met	meeting
	say （言う）	say(s)	said[sed]	said[sed]	saying
	sell （売る）	sell(s)	sold	sold	selling
	send （送る）	send(s)	sent	sent	sending
	sit （すわる）	sit(s)	sat	sat	sitting
	sleep （眠る）	sleep(s)	slept	slept	sleeping
	stand （立つ，立っている）	stand(s)	stood	stood	standing
	teach （教える）	teach(es)	taught	taught	teaching
	tell （教える，言う）	tell(s)	told	told	telling
	think （思う）	think(s)	thought	thought	thinking
	win （勝つ）	win(s)	won[wʌn]	won[wʌn]	winning
③	become （〜になる）	become(s)	became	become	becoming
	come （来る）	come(s)	came	come	coming
	run （走る）	run(s)	ran	run	running
④	cut （切る）	cut(s)	cut	cut	cutting
	put （置く）	put(s)	put	put	putting
	read （読む）	read(s)	read[red]	read[red]	reading

◆ 「型」は変化するパターンです。　①Ａ・Ｂ・Ｃ型　②Ａ・Ｂ・Ｂ型　③Ａ・Ｂ・Ａ型　④Ａ・Ａ・Ａ型

アプリで学習！
Challenge! SPEAKING

- この章は，付録のスマートフォンアプリ『文理のはつおん上達アプリ　おん達 Plus』を使用して学習します。
- 右の QR コードより特設サイトにアクセスし，アプリをダウンロードしてください。
- アプリをダウンロードしたら，アクセスコードを入力してご利用ください。

おん達 Plus
特設サイト

アプリアイコン

アプリ用アクセスコード　C064347
※アクセスコード入力時から 15 か月間ご利用になれます。

アプリの特長

- アプリでお手本を聞いて，自分の英語をふきこむと，AI が採点します。
- 点数は「流暢度」「発音」「完成度」の 3 つと，総合得点が出ます。
- 会話の役ごとに練習ができます。
- 付録「ポケットスタディ」の発音練習もできます。

アプリの使い方

①ホーム画面の「かいわ」を選びます。
②学習したいタイトルをタップします。

 トレーニング
① 🔊 をタップしてお手本の音声を聞きます。
② 🎤 をおして英語をふきこみます。
③点数を確認します。
- 点数が高くなるように何度もくりかえし練習しましょう。
- ⏱ をタップするとふきこんだ音声を聞くことができます。

  チャレンジ
①カウントダウンのあと，会話が始まります。
② 🎤 が光ったら英語をふきこみます。
③ふきこんだら 🎤 をタップします。
④ "Role Change!" と出たら役をかわります。

利用規約・お問い合わせ　https://www.kyokashowork.jp/ontatsuplus/terms_contact.html

Challenge! SPEAKING❶
海外旅行について

●付録アプリを使って，発音の練習をしましょう。

読 聞
書 話

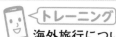 トレーニング　　　　　　　　　　　♪s01

海外旅行について英語で言えるようになりましょう。

☐ Have you ever been abroad?	あなたは外国へ行ったことがありますか。 abroad：外国に［へ，で］
☐ No, I haven't.	いいえ，行ったことがありません。
☐ What country do you want to visit?	あなたはどこの国を訪れたいですか。
☐ I want to visit Australia. 　　　　Singapore / China / Peru	私はオーストラリアを訪れたいです。
☐ Why?	なぜですか。
☐ Because I want to visit Uluru. 　　　see the Merlion / 　　　visit the Great Wall / 　　　visit Machu Picchu	なぜならウルルを訪れたいからです。 the Merlion：マーライオン the Great Wall：万里の長城 Machu Picchu：マチュピチュ
☐ I see.	わかりました。

チャレンジ　　　　　　　　　　　♪s02

海外旅行についての英語を会話で身につけましょう。☐に言葉を入れて言いましょう。

A : Have you ever been abroad?
B : No, I haven't.
A : What country do you want to visit?
B : I want to visit ☐.
A : Why?
B : Because I want to ☐.
A : I see.

Challenge! SPEAKING❷

遊びに誘う

●付録アプリを使って，発音の練習をしましょう。

読 聞 書 話

アプリで学習

トレーニング　♪ s03

遊びに誘う英語を言えるようになりましょう。

☐ Do you have any plans for tomorrow?
明日は何か予定がありますか。
plan：予定

☐ No, I'm free tomorrow.
いいえ，明日はひまです。

☐ I have two tickets for a movie.
the museum / the aquarium / the amusement park
私は映画のチケットを2枚持っています。
aquarium：水族館
amusement park：遊園地

☐ Why don't we go together?
いっしょに行きませんか。

☐ Wow!　Sounds good!
わあ！　いいですね！

☐ What time do you want to meet, and where?
何時にどこで会いたいですか。

☐ How about nine at the theater?
one / ten / eight
the city hall / the bus stop / the station
映画館に9時ではどうですか。

☐ Got it.
わかりました。

チャレンジ　♪ s04

遊びに誘う英語を会話で身につけましょう。☐に言葉を入れて言いましょう。

A : Do you have any plans for tomorrow?
B : No, I'm free tomorrow.
A : I have two tickets for ☐.
　　Why don't we go together?
B : Wow!　Sounds good!
　　What time do you want to meet,
　　and where?
A : How about ☐ at ☐?
B : Got it.

 **Challenge! SPEAKING❸**

ファストフード店で注文

●付録アプリを使って，発音の練習をしましょう。

読 聞
書 話

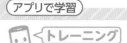（アプリで学習）

┌トレーニング┐

🎵 s05

ファストフード店で注文する英語を言えるようになりましょう。

☐ May I take your order?	ご注文はお決まりですか。 order：注文
☐ Can I have <u>a hamburger and a small French fries,</u> please? 　　　a cheeseburger and a coffee / 　　　a large French fries and a soda / 　　　two hamburgers and two orange juices	ハンバーガーとSのフライドポテト をいただけますか。
☐ All right.	わかりました。
☐ Anything else?	他にご注文はありますか。
☐ That's it.	それだけです。
☐ For here, or to go?	こちらでお召し上がりですか，それと もお持ち帰りですか。
☐ <u>For here</u>, please. 　 To go	こちらで食べます。
☐ Your total is <u>7</u> dollars. 　　　　　　8 / 5 / 14	お会計は7ドルになります。
☐ Here you are.	はい，どうぞ。
☐ Thank you.	ありがとう。

┌チャレンジ┐

🎵 s06

ファストフード店で注文する英語を会話で身につけましょう。□□に言葉を入れて言いましょう。

A : May I take your order?

B : Can I have ▢ , please?

A : All right.　Anything else?

B : That's it.

A : For here, or to go?

B : ▢ , please.

A : Your total is ▢ dollars.

B : Here you are.

A : Thank you.

Challenge! SPEAKING❹

観光地について

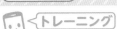

●付録アプリを使って，発音の練習をしましょう。

読　聞
書　話

📱 **トレーニング**　🎵 s07

観光地についての英語を言えるようになりましょう。

☐ What are you going to do during the summer vacation?	あなたは夏休みの間に何をする予定ですか。
☐ I'm thinking of visiting Okinawa. 　　Hokkaido / Nagasaki / 　　Iwate	私は沖縄を訪れることを考えています。
☐ Do you recommend any places there?	そこでおすすめの場所はありますか。
☐ There is a famous aquarium. 　　is a popular farm / 　　are many old churches / 　　are famous mountains	有名な水族館があります。 aquarium：水族館　　farm：農場 church：教会
☐ You can see many sea animals there. 　　enjoy delicious food / 　　see beautiful scenery / 　　see beautiful nature	そこでたくさんの海の動物をみることができます。 scenery：景色　　nature：自然
☐ Sounds great.	いいですね。

📱 **チャレンジ**　🎵 s08

観光地についての英語を会話で身につけましょう。☐に言葉を入れて言いましょう。

A : What are you going to do during the summer vacation?
B : I'm thinking of visiting ☐.
　　Do you recommend any places there?
A : There ☐.
　　You can see ☐ there.
B : Sounds great.

Challenge! SPEAKING⑤

ショッピングモールでの案内

●付録アプリを使って，発音の練習をしましょう。

読聞書話

🗣 **トレーニング** ♪ s09

ショッピングモールでの案内の英語を言えるようになりましょう。

☐ Excuse me.	すみません。
☐ How can I get to the bookstore? └ the *sushi* restaurant / the fruit shop / the shoe shop	書店へはどのようにしたら行くことができますか。
☐ Well, you are here.	ええと，あなたはここにいます。
☐ Take the escalator and go up to the third floor. └ the elevator　　fifth / second / fourth	エスカレーターに乗って，3階へ上がってください。 escalator：エスカレーター elevator：エレベーター
☐ OK.	わかりました。
☐ Then turn right, and you can see it. └ left	それから右に曲がると見つかります。
☐ I see.　Thank you.	わかりました。ありがとう。

🗣 **チャレンジ** ♪ s10

ショッピングモールでの案内の英語を会話で身につけましょう。□□に言葉を入れて言いましょう。

A : Excuse me.
　　How can I get to ☐☐☐☐ ?
B : Well, you are here.
　　Take the ☐☐☐☐ and go up to the
　　☐☐☐☐ floor.
A : OK.
B : Then turn ☐☐☐☐ , and you can see it.
A : I see.　Thank you.

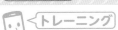

Challenge! SPEAKING⑥

誕生日パーティー

アプリで学習

 ● 付録アプリを使って，発音の練習をしましょう。 読 聞 書 話

Challenge! SPEAKING

 トレーニング ♪ s11

誕生日パーティーでの英語を言えるようになりましょう。

☐ Welcome to my birthday party!	ようこそ私の誕生日パーティーへ！
☐ Thank you for inviting me to the party.	このパーティーに招待してくれてありがとう。
☐ I'm happy to have you here.	ここにお迎えできてうれしいです。
☐ Please make yourself at home.	どうぞ楽にしてください。
☐ Here is a present for you.	これはあなたへのプレゼントです。
☐ Thank you so much!	どうもありがとう！
☐ Can I open it?	開けてもいいですか。
☐ Sure.	もちろんです。
☐ Wow, a beautiful scarf!	わあ，何て美しいマフラーでしょう！
☐ I love it.	とても気に入りました。

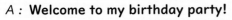 チャレンジ ♪ s12

誕生日パーティーでの英語を会話で身につけましょう。

A : Welcome to my birthday party!

B : Thank you for inviting me to the party.

A : I'm happy to have you here.
　　Please make yourself at home.

B : Here is a present for you.

A : Thank you so much!
　　Can I open it?

B : Sure.

A : Wow, a beautiful scarf!
　　I love it.

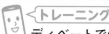
📱💬 トレーニング ♪ s13

ディベートでの英語を言えるようになりましょう。

☐ Let's start a debate.	ディベートを始めましょう。
☐ Today's topic is "electric energy".	今日の話題は電気エネルギーです。 electric：電気の
☐ I think it's convenient for us to use electric machines.	私は私たちにとって電気機器を使うことは便利だと思います。 machine：機械
☐ You may be right, but saving energy is also important.	あなたは正しいかもしれませんが，エネルギーを節約することも大切です。
☐ It's better to use sustainable energy, such as solar energy.	太陽光エネルギーのような持続可能なエネルギーを使うことがより良いです。 sustainable：持続可能な
☐ I have a question about sustainable energy.	持続可能なエネルギーについて質問があります。
☐ How many countries is it used in?	いくつの国でそれは使われていますか。
☐ According to this article, sustainable energy is now used by many countries.	この記事によると，持続可能なエネルギーは今，多くの国で使われています。

📱😄 チャレンジ ♪ s14

ディベートでの英語を会話で身につけましょう。

A : Let's start a debate.　Today's topic is "electric energy".

B : I think it's convenient for us to use electric machines.

A : You may be right, but saving energy is also important.
　　It's better to use sustainable energy, such as solar energy.

B : I have a question about sustainable energy.
　　How many countries is it used in?

A : According to this article, sustainable energy is now used by many countries.

予想問題

得点アップ！

1 この「予想問題」で実力を確かめよう！

時間もはかろう

2 「解答と解説」で答え合わせをしよう！

3 わからなかった問題は戻って復習しよう！

この本での学習ページ

スキマ時間でポイントを確認！別冊「**スピードチェック**」も使おう

●予想問題の構成

回数	教科書ページ	教科書の内容	この本での学習ページ
第1回	7～18	Unit 1 ~ Let's Talk 1	4～17
第2回	19～32	Unit 2 ~ Let's Talk 2	18～33
第3回	33～47	Unit 3 ~ Project 1	34～49
第4回	49～62	Unit 4 ~ Let's Talk 4	50～67
第5回	63～74	Unit 5 ~ Let's Talk 5	68～81
第6回	75～95	Unit 6 ~ Further Study 2	82～97
第7回	96～104	Let's Read 1 ~ Let's Read 2	98～103

Unit 1 〜 Let's Talk 1　読書/聞話　**30**分　/100

解答 ▶ p.26

1 LISTENING 対話を聞いて，(1)，(2)の2か所のチャイムの部分に入る最も適切な表現をア〜エから1つ選び，その記号を書きなさい。　♪t01　5点×2(10点)

(1)　ア　I want something to drink.　　イ　Do you really like it?
　　ウ　Would you like some more?　　エ　You're welcome.　Sit down here.

(2)　ア　Yes, please.　See you again.　イ　I don't like it very much.
　　ウ　Please wait for a moment.　エ　I'd like it.　Thank you.

(1)		(2)	

2 次の日本文に合うように，＿＿に適する語を書きなさい。　4点×4(16点)

(1) 彼は50メートル泳ぐことができます。
　He is ＿＿＿＿＿ ＿＿＿＿＿ swim 50 meters.

(2) 私は長崎で訪れるべき興味深い場所をさがしています。
　I'm ＿＿＿＿＿ ＿＿＿＿＿ interesting places to visit in Nagasaki.

(3) その店で売られているすべてのものが美しく見えました。
　＿＿＿＿＿ sold at the shop ＿＿＿＿＿ beautiful.

(4) 自由に取って食べてください。― ありがとう。
　Please ＿＿＿＿＿ ＿＿＿＿＿. ― Thank you.

(1)		(2)	
(3)		(4)	

3 次の文を( )内の指示にしたがって書きかえなさい。　5点×4(20点)

(1) They came to Japan last year.（下線部を before にかえて現在完了形の文に）

(2) Did Jim go to Shikoku?（ever を使って現在完了形の文に）

(3) He has already washed his hands.（「もう〜したか」という疑問文に）

(4) Yumi has already cleaned her room.（「まだ〜ない」という否定文に）

(1)	
(2)	
(3)	
(4)	

4 次の英文を読んで，あとの問いに答えなさい。 (計29点)

①Have you ever seen these marks on food products?　You can see the word "halal" on them.　"Halal" ②〜を意味する "permitted" in Arabic.　Muslims can eat only halal food.

In Japan, ③ハラール・フードを見つけることは難しいです．　But halal marks help me.　④もし a food product has a halal mark on ⑤it, I know it is a halal food.　I'm happy that food products with halal marks are increasing in Japan.

(1) 下線部①を these marks の内容を明らかにして日本語になおしなさい。 (5点)

(2) 下線部②，④の日本語を英語になおしなさい。 3点×2(6点)

(3) 下線部③の意味になるように， ＿＿ に適する語を書きなさい。 (6点)

＿＿＿＿ is difficult ＿＿＿＿ ＿＿＿＿ halal food

(4) 下線部⑤の it が指すものを本文中より抜き出し，3語の英語で書きなさい。 (6点)

(5) 本文の内容に合うように， ＿＿ に適する語を書きなさい。 (6点)

Food products with halal ＿＿＿＿ are ＿＿＿＿ in Japan.

(1)	
(2) ②	④	(3)
(4)	(5)

5 次の日本文を英語になおしなさい。 5点×3(15点)

(1) 私は一度も家でペットを飼ったことがありません。（8語で）

(2) あなたはもう朝食を食べましたか。（5語で）

(3) 彼はまだ数学の宿題を終えていません。（7語で）

(1)	
(2)	
(3)	

6 次のようなとき，英語でどのように言うか書きなさい。 5点×2(10点)

(1) 相手に富士山に登ったことがあるかをたずねるとき。

(2) 何か飲み物をすすめるとき。

(1)	
(2)	

第2回 予想問題　Unit 2 〜 Let's Talk 2

読書 聞話　⏱30分　解答▶p.26　/100

🎧 **1 LISTENING** 対話を聞き，その内容に適する英文をア〜ウから1つ選び，その記号を書きなさい。　♪ t02　5点×3(15点)

(1)　ア　The boy has been to New York.
　　イ　The boy has been to London.
　　ウ　The boy has never been to London.

(2)　ア　The boy has never used the camera.
　　イ　The boy started to use the camera ten years ago.
　　ウ　It is not the boy's camera.

(3)　ア　The boy came to the hotel three months ago.
　　イ　The boy has stayed at the hotel for three hours.
　　ウ　The boy has been at the hotel for three days.

(1)	
(2)	
(3)	

2 次の日本文に合うように，＿＿に適する語を書きなさい。　4点×4(16点)

(1)　その有名な作家はこの町で生まれました。
　　The famous writer ＿＿＿＿＿＿ ＿＿＿＿＿＿ in this town.

(2)　彼はその難しい話について聞いたことがありません。
　　He ＿＿＿＿＿＿ ＿＿＿＿＿＿ heard about the difficult story.

(3)　次の電車を待ちましょう。
　　Let's ＿＿＿＿＿＿ ＿＿＿＿＿＿ the next train.

(4)　のどが痛いです。
　　I ＿＿＿＿＿＿ a ＿＿＿＿＿＿ throat.

(1)		(2)	
(3)		(4)	

3 次の文の(　)内の語のうち，適するものを選びなさい。　4点×4(16点)

(1)　I have practiced basketball (since / for) last month.

(2)　They have stayed in Sapporo (since / for) a week.

(3)　We have known each other (since / for) we were small.

(4)　How (much / long) has Mr. Green taught English at this school?

(1)		(2)		(3)		(4)	

4 次の英文を読んで，あとの問いに答えなさい。 (計26点)

　①～を今までに見たことがありますか dead wild animals on roads?　When wild animals cross roads, they are sometimes hit by cars.　②〔way / save / there / is / any / them / to〕?　Look at this picture.　There is a rope bridge over the road.　It's a pathway for small animals in Yamanashi.　It is called an "animal pathway."　Squirrels and dormice have been ③(use) it since 2007.　Along the pathway, they come and go ④森から森へ safely.　They are not hit by cars.　We can see such pathways in many places in Japan.

(1)　下線部①を英語になおしなさい。 (5点)
(2)　下線部②の〔　〕内の語を並べかえて，意味の通る英文にしなさい。 (5点)
(3)　③の（　）内の語を適する形にかえなさい。 (4点)
(4)　下線部④の意味になるように，＿＿＿に適する語を書きなさい。 (4点)
　　　＿＿＿＿＿ forest ＿＿＿＿＿ forest
(5)　次の文が本文の内容に合うように，（　）に適する日本語を書きなさい。 4点×2(8点)
　　　野生動物の通り道は，動物が車に（　）ように（　）の上に作られています。

(1)				
(2)				
(3)		(4)		(5)

5 次の日本文を英語になおしなさい。 5点×3(15点)
(1)　リカ(Rika)は5歳のときからずっと祖母といっしょに住んでいます。
(2)　1時間ずっと雨が降っています。（動詞 rain を使う）
(3)　あなたはどのくらいの間，大阪に滞在していますか。

(1)	
(2)	
(3)	

6 次のようなとき，英語でどのように言うか書きなさい。 6点×2(12点)
(1)　相手に，どのくらい英語を学んでいるかたずねるとき。
(2)　熱はないが，頭痛がすると言うとき。

(1)	
(2)	

第3回 予想問題　Unit 3 〜 Project 1

読書　聞話　30分　/100

1 LISTENING　対話とその内容についての質問を聞き，その答えとして適切なものを Question 1 は A〜D から，Question 2 はア〜エから1つ選び，その記号を書きなさい。

♪ t03

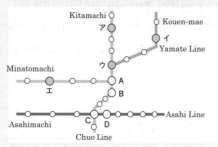

10点×2(20点)

(1)		(2)	

2 次の日本文に合うように，＿＿＿に適する語を書きなさい。　　4点×4(16点)

(1) 私は彼らを決して忘れないでしょう。

I'll ＿＿＿＿＿＿ ＿＿＿＿＿＿ them.

(2) 私たちはみんなあなたにお会いできるのを楽しみにしています。

We're all ＿＿＿＿＿＿ ＿＿＿＿＿＿ to seeing you.

(3) 彼女の両親は彼女に誕生日に1組の手袋をあげました。

Her parents gave her a ＿＿＿＿＿＿ ＿＿＿＿＿＿ gloves for her birthday.

(4) 彼は夜遅くまで本を読み続けました。

He ＿＿＿＿＿＿ ＿＿＿＿＿＿ a book until late at night.

(1)		(2)	
(3)		(4)	

3 〔 〕内の語を並べかえて，日本文に合う英文を書きなさい。　　5点×4(20点)

(1) このカメラの使い方を教えて。〔 this / to / me / how / camera / use / show 〕.

(2) マイクはなぜ遅れたのか私に話しました。〔 why / told / late / me / Mike / was / he 〕.

(3) あなたはどこへ行けばよいかわかっていますか。〔 go / you / know / to / do / where 〕?

(4) 私は彼女がだれか知っています。〔 she / I / is / who / know 〕.

(1)	
(2)	
(3)	
(4)	

4 次の英文を読んで，あとの問いに答えなさい。　(計19点)

Kataribe, storytellers, tell stories about their experiences.　Okada Emiko, a *kataribe*, has ①(ア speaking　イ spoke　ウ spoken) about ②her experience on August 6, 1945.　Her story tells us how tragic that day was.

She was eight years old when the bomb hit Hiroshima.　③その瞬間 she saw the flash of the bomb, her body was thrown to the floor.　She saw "Hell" when she went outside.　Everything was destroyed and on fire.　People's skin was burned and hanging down like rags.　People died ④次々に.　⑤She didn't know what to do.

(1) ①の( )内から適する語を選び，記号で答えなさい。　(4点)
(2) 下線部②が指す具体的な内容を日本語で書きなさい。　(5点)
(3) 下線部③，④の日本語をそれぞれ英語になおしなさい。　3点×2(6点)
(4) 次の文が下線部⑤とほぼ同じ内容を表すように，＿＿に適する語を書きなさい。　(4点)
She didn't know ＿＿＿ ＿＿＿ ＿＿＿ do.

(1)		(2)	
(3)	③		④
(4)			

5 次の日本文を英語になおしなさい。( )内の語を使うこと。　5点×3(15点)
(1) お母さんは私にスーパーマーケットで何を買うべきか言いました。 (told)
(2) 東京タワー(Tokyo Tower)までの行き方を教えてくださいますか。 (how)
(3) その少年はそのプレゼントをいつ開けるべきなのかわかりませんでした。 (should)

(1)	
(2)	
(3)	

6 次のようなとき，英語でどのように言うか書きなさい。　5点×2(10点)
(1) 相手にどの場所がいちばん好きかたずねるとき。 (7語で)
(2) 博多駅(Hakata Station)で空港線(Kuko Line)に乗りかえるように案内するとき。

(1)	
(2)	

第**4**回 予想問題 | **Unit 4 〜 Let's Talk 4** | 読書 聞話 **30**分 | 解答▶ p.28 /100

1 LISTENING　次のようなとき，英語でどのように言いますか。ア〜ウの英語を聞いて，最も適切なものを1つ選び，その記号を書きなさい。　♪ t04 5点×3(15点)

(1) 電話をかけてきた相手がだれなのかを確認したいとき。

(2) 電話をかけてきた相手に父が不在であることを伝えるとき。

(3) 電話で呼び出したい相手(女性)が留守なので，折り返し電話をしてくれるように伝えてもらいたいとき。

(1)		(2)		(3)	

2 次の日本文に合うように，＿＿に適する語を書きなさい。　4点×4(16点)

(1) 彼女の歌はみんなを幸せにしました。

Her songs ＿＿＿＿＿＿＿ ＿＿＿＿＿＿＿ happy.

(2) この学校の生徒はこれらのコンピューターを使うことが許されています。

Students at this school are ＿＿＿＿＿＿＿ ＿＿＿＿＿＿＿ use these computers.

(3) 彼の母は毎朝6時に彼を起こします。

His mother ＿＿＿＿＿＿＿ him ＿＿＿＿＿＿＿ at six every morning.

(4) 彼女の両親は彼女をとてもほこりに思っています。

Her parents are very ＿＿＿＿＿＿＿ ＿＿＿＿＿＿＿ her.

(1)		(2)	
(3)		(4)	

3 〔　〕内の語句を並べかえて，日本文に合う英文を書きなさい。　4点×4(16点)

(1) あなたにこのことを知ってほしいと思います。〔 this / you / I / know / want / to 〕.

(2) あなたのEメールを読んでうれしくなりました。〔 made / e-mail / happy / me / your 〕.

(3) 私たちは彼が皿を洗うのを手伝いました。〔 him / the dishes / helped / we / wash 〕.

(4) 花に水をやるよう彼女に頼みました。〔 the flowers / her / to / asked / I / water 〕.

(1)	
(2)	
(3)	
(4)	

4 次の英文を読んで，あとの問いに答えなさい。 (計24点)

I'm going to talk about braille blocks.　They help visually impaired people walk on streets and platforms.　They touch the blocks with their feet or sticks and get information.

Did you know braille blocks were created in Japan?　They were invented by Miyake Seiichi in Okayama.　①ある日, he saw a man with a white stick on a street.　When he crossed the street, a car almost hit him.　Miyake realized streets were ②～にとって危険な visually impaired people.　He wanted them to walk safely.　③So he started to find ways to help them.

(1) 目の不自由な人はどのようにして点字ブロックから情報を得ますか。 (5点)
　　日本語で書きなさい。
(2) 下線部①，②の日本語を英語になおしなさい。 4点×2(8点)
(3) 下線部③と同じ意味になるように，＿＿に適する語を書きなさい。 (5点)
　　So he started ＿＿＿＿ ways to help them.
(4) 次の質問の答えとなる1文を本文中より抜き出して書きなさい。 (6点)
　　Why did Miyake start to find ways to help blind people?

(1)		(2)①	
②		(3)	
(4)			

5 次の日本文を英語になおしなさい。 7点×3(21点)
(1) 彼は祖父が野菜を育てるのをときどき手伝います。
(2) 私たちは世界中の子どもたちに幸せになってほしいと思っています。
(3) その映画は私を悲しませました。（5語で）

(1)	
(2)	
(3)	

6 次の質問について，あなた自身の答えを英語で書きなさい。 (8点)
What do you want your father or mother to do for your birthday?

第**5**回
予想問題

Unit 5 〜 Let's Talk 5

読書 聞話 **30**分

/100

🎧 **1 LISTENING** 英語を聞いて，内容に合う絵をア〜カから1つずつ選び，その記号を書きなさい。

♪ t05 5点×5(25点)

(1)	
(2)	
(3)	
(4)	
(5)	

2 次の日本文に合うように，＿＿に適する語を書きなさい。　　　　4点×3(12点)

(1) 彼女は見渡して，自転車のかぎを見つけました。

She ＿＿＿＿＿＿＿ ＿＿＿＿＿＿＿ and found her bicycle key.

(2) 終戦以来，日本は大きく変わりました。

Japan has ＿＿＿＿＿＿ ＿＿＿＿＿＿ since the end of the war.

(3) 彼は初めて野生のシカを見ました。

He saw wild deer ＿＿＿＿＿＿ the ＿＿＿＿＿＿ ＿＿＿＿＿＿ .

(1)		(2)	
(3)			

3 〔　〕内の語句を並べかえて，日本文に合う英文を書きなさい。　　　4点×3(12点)

(1) 彼が送ったグラスは割れていました。〔 was / which / sent / the glass / he / broken 〕.

(2) 他人に親切な人になりなさい。〔 a person / kind / is / be / who / others / to 〕.

(3) これが彼女を悲しませた本です。〔 which / her / the book / this / is / made / sad 〕.

(1)	
(2)	
(3)	

4　次の英文を読んで，あとの問いに答えなさい。　　　　　　　　　　　　（計24点）

This is a photo that shows the first modern Olympic Games.　It ①開催された in Greece in 1896.　Only male athletes from 14 countries joined it.　Eight sports ②〜のような track and field, swimming, and tennis were played.　Athletes（　③　）won first place received silver medals.　Second place winners received bronze ones.　④Third place winners got no medals.

(1)　下線部①，②の日本語を英語になおしなさい。　　　　　　　　　　3点×2(6点)

(2)　空欄③にあてはまる関係代名詞を書きなさい。that は使わないこと。　　（5点）

(3)　下線部④とほぼ同じ意味になるように，＿＿に適する語を書きなさい。　（4点）
　　　Third place winners ＿＿＿＿＿＿ get ＿＿＿＿＿＿ medals.

(4)　本文の内容に合うものには〇，そうでないものには×を書きなさい。　3点×3(9点)

　1.　Women also joined the Olympic Games in 1896.

　2.　Athletes only from Greece joined the first modern Olympic Games.

　3.　First and second place winners got medals.

(1)	①		②	
(2)			(3)	
(4)	1.	2.		3.

5　次の日本文を（　）内の指示にしたがって英語になおしなさい。　　5点×3(15点)

(1)　ノーベル賞を取ったその科学者は世界中の人々に知られています。（who を使って）

(2)　これは私を幸せにしてくれる歌です。（which を使って）

(3)　私がそこで見たかばんはケンのです。（7語で）

(1)	
(2)	
(3)	

6　次のようなとき，英語でどのように言うか書きなさい。　　　　　　6点×2(12点)

(1)　相手に歴史の試験はどうだったか感想をたずねるとき。

(2)　写真を相手に見せて「これは私が京都でとった写真です」と言うとき。

(1)	
(2)	

第**6**回 予想問題　Unit 6 〜 Further Study 2
読書・聞話　**30**分　解答▶p.30　/100

1 LISTENING 次のようなとき，英語でどのように言いますか。ア〜ウの英文を聞いて，最も適切なものを１つ選び，その記号を書きなさい。　♪t06　5点×3（15点）

(1)目的地までの行き方をたずねたいとき。

(2)目的地までどれくらい時間がかかるかたずねたいとき。

(3)目的地までの運賃を知りたいとき。

(1)		(2)		(3)	

2 次の日本文に合うように，＿＿＿に適する語を書きなさい。　4点×4（16点）

(1) だれがこのイスをデザインしたのだろう。

I wonder ＿＿＿＿＿＿ ＿＿＿＿＿＿ this chair.

(2) 彼女は近くの植物園へ地下鉄で行きました。

She went to the ＿＿＿＿＿＿ botanical garden by ＿＿＿＿＿＿.

(3) 昨夜，母は私に腹を立てました。

My mother got ＿＿＿＿＿＿ ＿＿＿＿＿＿ me last night.

(4) 彼はとても親切なのでみんなに好かれています。

He is ＿＿＿＿＿＿ kind ＿＿＿＿＿＿ he is liked by everyone.

(1)		(2)	
(3)		(4)	

3 次の文を（ ）内の指示にしたがって書きかえなさい。　5点×4（20点）

(1) Do you know the girl?　She's going out of the library.

（現在分詞を使って１つの文に）

(2) I like the watch.　My father gave it for my birthday.

（過去分詞を使って１つの文に）

(3) It is cold, so we can't climb the mountain.（if を使って仮定法の文に）

(4) I'm sorry I don't have a pet.（wish を使って仮定法の文に）

(1)	
(2)	
(3)	
(4)	

4 次の英文を読んで，あとの問いに答えなさい。 (計21点)

The elderly use PCs and tablets for their work.　They analyze the market and decide ①what and how much they should pick and sell.　This business not only offers them jobs, ②[them / keeps / also / active / but].　③An elderly woman says, "If Kamikatsu didn't have this business, I ④～ではないだろう so active.　Now I have no time to get sick."

(1) 下線部①と同じ意味になるように，____に適する語を書きなさい。 (4点)

what and how much _____ pick and sell

(2) 下線部②の〔　〕内の語を並べかえて，意味の通る英文にしなさい。 (5点)

(3) 下線部③の女性は何をする時間がないと述べていますか。日本語で書きなさい。 (4点)

(4) 下線部④の日本語を2語の英語になおしなさい。 (4点)

(5) 本文の内容に合うように次の問いに英語で答えるとき，____に適する語を書きなさい。

What do the elderly use for their work? (4点)

— They use _____ and _____ .

(1)		(2)	
(3)		(4)	
(5)			

5 次の日本文を（　）内の語を適する形にかえて使い，英語になおしなさい。 5点×4(20点)

(1) 私はその塔の正面に立っている男性にたずねました。（ stand ）

(2) 壁にかかっている絵を見ている女性はだれですか。（ look ）

(3) もっと速く走ることができればいいのになあ。（ can ）

(4) もし私があなたなら，その辞書を買うだろう。（ be，will ）

(1)	
(2)	
(3)	
(4)	

6 次の質問についてあなた自身の答えを仮定法を使って英語で書きなさい。 (8点)

どこか別の場所で生活するとしたら，どこに行きたいですか。またその理由を英語で書きなさい。

Let's Read 1 〜 Let's Read 2 読書 聞話 **30**分 解答 ▶ p.31 /100

 1 **LISTENING** 対話を聞き，その内容に適する英文をア〜ウから 1 つ選び，その記号を書きなさい。　♪ t07　3点×4(12点)

(1)　ア　Makoto is cooking in the kitchen.
　　イ　Makoto is in the kitchen.
　　ウ　Makoto is washing his bike.

(2)　ア　The book isn't written in English.
　　イ　The book is written in French.
　　ウ　The book is written in English.

(3)　ア　The shop is not selling vegetables but fruits.
　　イ　The shop is selling only vegetables.
　　ウ　The shop is selling fruits and vegetables.

(4)　ア　This museum was built a hundred days ago.
　　イ　This museum was built by a famous king.
　　ウ　An artist built this museum.

(1)	
(2)	
(3)	
(4)	

2 次の日本文に合うように，＿＿に適する語を書きなさい。　3点×4(12点)

(1)　その子どもたちは同時に話し始めました。
　　The children began to talk at the ＿＿＿＿＿ ＿＿＿＿＿.

(2)　外では強い風が吹いています。
　　The strong ＿＿＿＿＿ is ＿＿＿＿＿ outside.

(3)　今朝，電車は乗客でいっぱいでした。
　　The train was ＿＿＿＿＿ ＿＿＿＿＿ passengers this morning.

(4)　彼女はカバンからノートとペンを取り出しました。
　　She ＿＿＿＿＿ ＿＿＿＿＿ a notebook and a pen from her bag.

(1)		(2)	
(3)		(4)	

3 次の文の＿＿に，（ ）内の語を適する形にかえて書きなさい。　2点×4(8点)

(1)　I have never ＿＿＿＿＿ of such a foolish thing. (hear)

(2)　All leaves have already ＿＿＿＿＿ from that big tree. (fall)

(3)　There was a dog ＿＿＿＿＿ Max. (call)

(4)　He drew this picture by ＿＿＿＿＿ a computer. (use)

(1)		(2)		(3)		(4)	

4 次の各組の文がほぼ同じ内容を表すように，＿＿に適する語を書きなさい。 3点×4(12点)

(1) { Winning first place is impossible for them.
＿＿＿＿＿＿＿ impossible for them ＿＿＿＿＿＿ win first place.

(2) { They will pass down the story.
The story ＿＿＿＿＿＿ ＿＿＿＿＿＿＿ passed down by them.

(3) { He said, "Will you fold a paper crane?"
He ＿＿＿＿＿＿ me ＿＿＿＿＿＿ fold a paper crane.

(4) { The boys playing catch over there are my friends.
The boys ＿＿＿＿＿＿ ＿＿＿＿＿＿ playing catch over there are my friends.

(1)		(2)	
(3)		(4)	

5 次の文を（ ）内の指示にしたがって書きかえなさい。 3点×4(12点)

(1) She has lived in Japan <u>for five years</u>. （下線部をたずねる文に）

(2) I was excited when I heard the news. （made を使って，ほぼ同じ意味の英文に）

(3) The movie was very interesting.　I saw it with Mike last week. （1つの文に）

(4) Is <u>the sitting boy</u> your brother? （下線部を「ベンチにすわっている少年」の意味に）

(1)	
(2)	
(3)	
(4)	

6 〔 〕内の語句を並べかえて，日本文に合う英文を書きなさい。 3点×3(9点)

(1) 彼女の祖父は病気のために亡くなりました。

〔 died / grandfather / illness / her / of 〕.

(2) その女性は日本語がまったく理解できませんでした。

〔 all / Japanese / the woman / at / understand / couldn't 〕.

(3) 他の人を助けたいと思うのは正しいことです。

〔 others / is / help / to / to / it / want / right 〕.

(1)	
(2)	
(3)	

7 次の英文を読んで，あとの問いに答えなさい。 (計18点)

> Kase met many children who suffered from wars, natural disasters, and illness. ①～にもかかわらず difficulties, they never forgot ②(ア and イ to ウ for) smile. They fully enjoyed folding origami. To meet such children, Kase continued to travel around the world. He said, "I'll visit any place, ③if there is a child who wants to meet me."
>
> In 2008, Kase passed away ④～歳のときに 81. Some of Kase's students have become teachers and welfare center staff members. Now they are teaching origami to children. Kase's wish will be carried on by ⑤them.

(1) 下線部①，④の日本語を英語になおしなさい。 2点×2(4点)

(2) ②の( )内から適する語を選び，記号で答えなさい。 (3点)

(3) 下線部③を日本語になおしなさい。 (4点)

(4) 下線部⑤はだれを指すか，具体的な内容を日本語で書きなさい。 (4点)

(5) 本文の内容に合うように次の問いに英語で答えるとき，＿＿に適する語を書きなさい。

Why did Kase continue to travel around the world? (3点)

— ＿＿＿＿＿ ＿＿＿＿＿ children who suffered from wars, natural disasters, and illness.

(1)	①	④		
(2)		(3)		
(4)			(5)	

8 次の日本文を英語になおしなさい。 3点×4(12点)

(1) あなたに見せるべきものがあります。（I で文を始めて 6 語で）

(2) 窓を閉めなかったのですか。（5 語で）

(3) 彼女は私にピアノの弾き方を教えてくれました。（teach の過去形を使って）

(4) 彼は留学することに興味をもっています。（6 語で）

(1)	
(2)	
(3)	
(4)	

9 あなたが英語を学ぶ理由は何ですか。英語で書きなさい。 (5点)

教科書ワーク 英語 特別ふろく

無料アプリ   どこでもワーク

こちらにアクセスして，ご利用ください。
https://portal.bunri.jp/app.html

単語特訓▶

重要語句の
暗記に便利

音声つき

間違えた問題だけを何度も確認できる！

▼文法特訓

文法事項を
三択問題で
確認！

無料ダウンロード ホームページテスト

無料でダウンロードできます。
表紙カバーに掲載のアクセス
コードを入力してご利用くだ
さい。
https://www.bunri.co.jp/infosrv/top.html

文法問題▶

テスト対策や
復習に使おう！

リスニング試験対策に
バッチリ！

▼リスニング問題

注意 ●アプリは無料ですが，別途各通信会社からの通信料がかかります。
●アプリの利用には iPhone の方は Apple ID，Android の方は Google アカウントが必要です。対応 OS や対応機種については，各ストアでご確認ください。
●お客様のネット環境および携帯端末により，ご利用いただけない場合，当社は責任を負いかねます。ご理解，ご了承いただきますよう，お願いいたします。

中学教科書ワーク

解答と解説

この「解答と解説」は，取りはずして 使えます。

啓林館版 **ブルースカイ**

英語**3**年

Unit 1

p.4〜5 ■ステージ1

Words チェック (1)わん，どんぶり (2)〜に登る
(3)いくつかの (4)mountain
(5)plane (6)again

❶ (1)visited (2)read (3)heard

❷ (1)have climbed (2)has played
(3)has visited

❸ (1)have, once (2)has seen (3)been,
before

❹ (1)have met, before (2)has cooked,
twice (3)has been, once

❺ (1)I've watched the movie once
(2)Kenta has been to Hawaii with his
family
(3)We have played chess many times
(4)She has swum in this lake before

WRITING Plus (1)例 Yes, I have.[No, I
haven't.]
(2)例 Yes, I have.[No, I haven't.]

────── 解説 ──────

❶ 「〜したことがあります」という「経験」は〈have
[has]＋動詞の過去分詞形〉の現在完了形で表す。
(1)は規則動詞。ed をつける。
(2)(3)は不規則動詞。read[ríːd]の過去形，過去分
詞形は，スペルは原形と同じだが，発音が異なる
[réd]。

❷ (2)(3)主語が三人称単数なので has を使う。

❸ (1)「一度，1回」は once。
(2)**ミス注意** 主語が三人称単数であることに注
意。see の過去分詞形は seen。
(3)**ミス注意** 「〜に行ったことがあります」は
have[has] been to 〜で表し，go ではなく be の
過去分詞形 been を使う。

❹ 「〜したことがあります」という経験を表す現

在完了形にする。
(1)「以前，彼に会ったことがあります」という文
に。meet「会う」の過去分詞形は met。
(3)「〜に行ったことがあります」は have[has]
been to 〜で表す。
(2)(3)主語が三人称単数であることに注意。

❺ (1)I've は I have の短縮形であることに注意。
(1)(3)(4) once「一度」，many times「何度も」のよ
うに回数を表す語句や before「以前に」はふつ
う文末に置く。
(4)「泳ぐ」は swim。過去分詞形は swum。

WRITING Plus 現在完了形の疑問文 Have you 〜?
には，Yes, I have. や No, I haven't. で答える。
(1)「あなたは今までに家でペットを飼ったことが
ありますか。」
(2)「あなたはもう宿題を終えましたか。」

p.6〜7 ■ステージ1

Words チェック (1)ラクダ (2)〜のことを聞く
(3)heard (4)ridden (5)menu (6)rainbow

❶ (1)Have, ever (2)I have
(3)Has, ever (4)hasn't (5)never been

❷ (1)Have, visited, they have (2)Has,
ever eaten (3)have never talked

❸ (1)あなたはこれまでにこの食べ物を試したこ
とはありますか。
(2)あなたのお姉[妹]さんはこれまでに沖縄へ行
ったことはありますか。
(3)私はその新しい本屋のことは一度も聞いたこ
とがありません。

❹ (1)Have you ever thought about
Japanese food culture
(2)He has never read this book

❺ (1)heard of (2)ever been (3)never
ridden (4)kind of

────── 解説 ──────

❶ 現在完了形の疑問文は〈Have[Has]＋動詞の過

2

去分詞形 ～?〉の形。

(1) ever「これまでに」は動詞の過去分詞形の前に置く。

(2) 現在完了形の疑問文に Yes で答えるときは〈Yes, 主語＋have[has].〉となる。

(3) **ミス注意！** 主語が三人称単数であることに注意。

(4) 現在完了形の疑問文に No で答えるときは〈No, 主語＋haven't[hasn't].〉となる。

(5)「一度も～したことがありません」は〈have[has]＋never＋動詞の過去分詞形 ～〉で表す。

❷ (2)(3) 疑問文・否定文の ever, never は動詞の過去分詞形の前に置く。

❸ (1) tried は try「～を試す」の過去分詞形（規則動詞）。

(3) heard は hear「～を聞く」の過去分詞形。hear of ～は「～のことを聞く」。

❹ (1)(2) 疑問文・否定文の ever, never は動詞の過去分詞形の前に置く。

❺ (1)「～のことを聞く」は hear of ～。

(3)「～に乗る」は ride。過去分詞形は ridden。

(4)「種類」は kind。What kind of ～? は「どのような種類の～」を表す疑問文。

ポイント 現在完了形の文
・〈have[has]＋動詞の過去分詞形〉
【疑問文】have[has]を主語の前に出す。
【否定文】have[has]のあとに not または never を置く。

p.8～9 ■ステージ**1**

Words チェック (1) hasn't (2) ～をさがす
(3) finish (4) bathtub (5) goldfish
(6) feed

❶ (1) yet (2) just (3) already
❷ (1) has just (2) have already (3) just heard (4) hasn't, yet (5) hasn't, yet
❸ (1) It has just started to rain.
(2) Sayaka has already made an apple pie.
(3) I haven't[have not] had dinner yet.
❹ (1) yet, have (2) Has, hasn't
❺ (1) Have you interviewed the actor yet
(2) I have already read the book
(3) Kenta hasn't carried the desk yet
(4) We are searching for new ideas
❻ (1) hasn't[has not] written a report yet
(2) has already washed a bike ((1)と(2)は順

不同)

(3) has already written a report
(4) hasn't[has not] washed a bike yet ((3)と(4)は順不同)

■ 解説 ■

❶ (1) **ミス注意！** 現在完了形の否定文なので yet を伴って「まだ～していません」の意味にする。

(3) 現在完了形の肯定文なので already を伴って「もう～しました」の意味にする。

❷ (4)(5) 空所の数から, has not の短縮形 hasn't を使う。

❸ (3) **ミス注意！** yet は文末に置く。

❹ (1) 現在完了形の疑問文は文末に yet を伴って「もう～しましたか」の意味になる。

❺ (2) already は have[has]と動詞の過去分詞形の間に置く。

(4)「～をさがす」は search for ～。語群のうち, to が不要。

❻「すでにした」ことは〈has＋already＋動詞の過去分詞形〉で,「まだしていないこと」は〈hasn't [has not]＋動詞の過去分詞形＋yet〉で表す。

p.10～11 ■ステージ**1**

Words チェック (1) ～を許可する (2) 入口
(3) さらに, その上 (4) カフェテリア
(5) increase (6) recently (7) be able to
(8) college

❶ (1) Have, ever (2) Has, ever (3) able to
(4) is able
❷ (1)① seen ⑤ increasing
(2) it is difficult to find halal food
(3)③ オ ④ イ (4) 1. It means "permitted".
2. No, they can't.
❸ (1) to have (2) is able (3) easy to
(4) Have, ever (5) More, more

■ 解説 ■

❶ (3)(4) 助動詞 can「～できる」と同じ意味を表すのは be able to ～。be 動詞は主語や時制で使い分ける。

(4) **ミス注意！** 主語が三人称単数であることに注意。

❷ (1)① Have you ever ～?「これまでに～したことがありますか」という現在完了形の文なので, see を過去分詞形 seen にする。

⑤「増加している」という現在進行形の文にする。

increase を -ing 形の increasing にする。語末が -e の動詞は e を取って ing をつける。

(2)〈It is ... to+動詞の原形〉「〜するのは…です」の文。

(3)③接続詞 if「もし〜ならば」で空欄の前後の文をつなぐ。

(4) 1. 本文 2 行目。

2.「イスラム教徒はあらゆる種類の食べ物を食べることができますか」という質問。本文 2 行目に「イスラム教徒はハラール・フードだけ食べることができます」とある。

❸ (2) ミス注意 be able to 〜「〜できる」を使う。主語が三人称単数であることに注意。

(5)「ますます多くの〜」は more and more 〜。

p.12 ステージ1

Wordsチェック (1)健康 (2)おいしい

(3) sweet (4) sour (5) spicy[hot]

(6) smell

❶ (1) My favorite (2) the best

(3) good for

❷ (1) My favorite food is sushi.

(2) He likes pizza the best.

解説

❶ (1)「好きな〜」は favorite 〜。

(2)「〜がいちばん好き」は like 〜 the best で表す。

(3) ミス注意 「健康に」はここでは「健康にとって」という意味であるため，前置詞 for「〜にとって」を使う。

❷ (2)主語が三人称単数であることに注意。

p.13 ステージ1

Wordsチェック (1)自由に取って食べる

(2)おいしい (3) everything (4) look

(5) taste (6) smell

❶ (1) Would, like, please (2) Would, like, thank you (3) May[Can] I (4) Thank you

❷ (1)いかがですか (2)いいですか

解説

❶ (1)(2)「〜はいかがですか」は Would you like〜? で表す。答えるときは，Yes, please.「はい，お願いします」や No, thank you.「いいえ，結構です」などを使う。

(3) ミス注意 B が Sure. Please help yourself.「もちろんです。自由に取って食べてください」と述べていることから，May[Can] I 〜?「〜し

てもいいですか」を使って「ケーキをもう 1 切れいただいてもいいですか」という英文にする。

(4)「招待してくれてありがとう」という意味の英文にする。

❷ (2) May I 〜? は「〜してもいいですか」。

p.14〜15 ステージ2

❶ 🎧LISTENING ウ

❷ (1) already (2) has (3) watched

(4) been

❸ (1) Emma has just come home.

(2) Have you ever been to Hokkaido?

❹ (1) Has, been, has

(2) have, never[not] heard

❺ (1) has climbed high mountains many times

(2) has already learned a lot about Japan

❻ (1)私は一度すき焼きを食べたことがあります。

(2) I've been to (3) to

(4) has eaten, likes

❼ (1) help yourself (2) Would, like

(3) favorite, is (4) heard of

❽ (1)例 I have[I've] met[seen] the musician before.

(2)例 She has never been to the museum.

(3)例 Have you made[cooked] dinner yet?

(4)例 They have already cleaned this room.

解説

❶ 🎧LISTENING 「野球をしたことがありますか」という質問に対し，「いいえ，でもスタジアムで試合を見たことは何度もあります」と答えている。

🎵**音声内容**

A : Have you ever played baseball, David?

B : No, I haven't, but I have watched the games in the stadium many times.

❷ (2)主語が三人称単数であることに注意。

(4)現在完了形の文で「〜に行ったことがある」は have[has] been to 〜。

❸ (1) ミス注意 「エマはちょうど帰宅したところです」という文にする。come - came - come のように変化し，過去分詞形は come であることに注意。

❹ (1) A「彼はこれまでに中国に行ったことがありますか」B「はい，あります」

(2) A「あなたはこれまでにそのニュースを聞いた

4

ことがありますか」B「はい，あります」A「本当に？　私はそれを（一度も）聞いたことがありません」

❺　どちらも現在完了形の文。動詞は過去分詞形。

(2) <ミス注意> already は has と learned の間に置く。

❻　(1) it が指すのは，1 文目の質問にある sukiyaki。

(2) <ミス注意> 3 語と指示されているため，I have の短縮形 I've を使う。

(3) 感情の理由を表す to ＋動詞の原形。I was surprised to ～「～して驚きました」

(4) 本文の 1 ～ 3 文目の内容から考える。1 文目の Do you like sukiyaki? という質問に対し，Yes. と答えている。

❼　(1)「自由に取って食べる」は help yourself。

(4) <ミス注意>「～を聞く」は hear ～。ここでは「～のことを聞く」とあるので，hear of ～。

❽　(1)「音楽家」は musician。

(3) ここでは「作る」は「（熱を加えて）～を料理する」の cook で表してもよい。

p.16～17 ■ステージ3■

❶ 🎧LISTENING　(1)ウ　(2)エ　(3)ウ　(4)イ

❷　(1) is able to　(2) What, for

(3) Would you like　(4) thank you, full

❸　(1) My friend has not arrived at the station yet

(2) Have you ever talked with foreign people in English

❹　(1) I have visited New York twice.

(2) Kana has already written this letter.

(3) Has the concert started yet?

(4) We have never been to Kobe.

❺　(1) にこれまでに行ったことがありますか

(2) I've never heard of　(3) ウ

(4) has been, hasn't

❻　(1) yet, have　(2) never　(3) has

❼　(1) 例 Have you (ever) swum in this sea [ocean]?

(2) 例 Mike's father has come to Japan three times.

(3) 例 Have they found the ball yet?

(4) 例 The bus has just come[arrived].

━━━━━ 解説 ━━━━━

❶ 🎧LISTENING　(1) <ミス注意> Have you been

---

there? は「そこに行ったことがありますか」という意味。there は副詞で，to などの前置詞を含んでいる。

(2)「彼はもう宿題を終えましたか」。Has he ～? という現在完了形の疑問文なので，has を使って答える。

(3) Would you like ～?「～はいかがですか」には，Yes, please.「はい，お願いします」などで答える。

(4) Please help yourself.「自由に取って食べてください」。選択肢の中では，Thank you.「ありがとう」が適している。

🎵 音声内容

(1)　A : Oh, you're from England!
　　　B : Have you been there?

(2)　A : Shota is playing games in his room.
　　　B : Has he finished his homework yet?

(3)　A : Thank you for inviting me.
　　　B : You're welcome.　I'm glad you came. Would you like some tea?

(4)　A : Wow, everything looks delicious!
　　　B : Please help yourself.

❷　(1) <ミス注意> 空欄の数から，「～できる」はここでは can の代わりに be able to ～を使う。主語が三人称単数なので，be 動詞は is。

❸　(1) <ミス注意> yet は文末に置く。

❹　(1)(4)は〈経験〉，(2)(3)は〈完了〉を表す現在完了形の文にする。

❺　(2) <ミス注意>「～について聞く」は hear of ～。空欄の数から，I have の短縮形 I've を使う。

(3) Is it ～? という be 動詞の疑問文には Yes, it is. で答える。

(4) エミリーの「ブルースカイ・レストランに行ったことがありますか」という質問に対し，ソラは「いいえ，ありません」と答えている。

❻　(1) A「もうレポートを書き終えましたか」B「はい，書き終えました。昨日書きました」

(2) A「私はこの本を一度読んだことがあります。あなたはどうですか」B「私はそれを一度も読んだことがありません。今週末にそれを読んでみます」

(3) A「あなたのお兄[弟]さんはもう大阪へ出発しましたか」B「はい，出発しました。今朝 8:30 の列車に乗りました」

❼　(1)〈経験〉を表す現在完了形の疑問文。

(2)**ミス注意！** 1回は once，2回は twice，3回からは〈数＋times〉。〈経験〉を表す現在完了形の肯定文。

(3)「見つける」は find。過去分詞形は found。〈完了〉を表す現在完了形の疑問文。

(4)〈完了〉を表す現在完了形の肯定文。

Unit 2

p.18〜19 ステージ1

Wordsチェック (1)子イヌ (2)子ネコ
(3)段ボール (4)生まれる (5)brought
(6)since (7)sick

❶ (1) has studied (2) have lived
(3) have stayed

❷ (1) since (2) for (3) since

❸ (1) I have lived in Osaka since 2010.
(2) He has played the guitar for three years.
(3) I have used this desk since I was seven.

❹ (1) Kenji has learned tennis for two years
(2) I've wanted a piano since I was a child

❺ (1) has been (2) was born
(3) brought home

❻ (1) have wanted (2) has been
(3) have known

解説

❶ 「ずっと〜しています」という〈継続〉は〈have[has]＋動詞の過去分詞形〉の現在完了形で表す。
(1) study の過去分詞形は y を i にかえて -ed をつける。

❷ (1)現在完了形の継続の文で，〈起点〉を表す語句の前には since を置く。
(2)現在完了形の継続の文で，〈期間〉を表す語句の前には for を置く。
(3)**ミス注意！** 現在完了形の継続の文で，since は〈主語＋動詞〜〉の前に置くこともできる。「〜したとき以来（ずっと）」という意味を表す。

❸ (3)「私は7歳のときからずっとこの机を使っています」という文に。

❹ (2)ここでは，since のあとは〈主語＋動詞 〜〉。

❺ (1) be の過去分詞形は been。

❻ (1)「〜したい」は want to＋動詞の原形 〜。
(2)「入院している」は be in the hospital。

p.20〜21 ステージ1

Wordsチェック (1)歯痛 (2)〜を見守る
(3) nest (4) roof (5) parent (6) poor

❶ (1) has, lived (2) have, studied
(3) has, had

❷ (1) How long (2) For (3) long has
(4) Since

❸ (1) Have they lived, they have
(2) Has he played, he hasn't (3) How long

❹ (1) How long have, Since
(2) How long has, For

❺ (1) been, fan (2) had, toothache
(3) lived in (4) been sick

WRITING Plus (1)例 I have lived here[in my town] for fifteen years.[I have lived in my town[here] since I was born.]
(2)例 I have studied it for five years.[I have studied it since I was ten.]

解説

❶ 〈How long＋have[has]＋主語＋動詞の過去分詞形 〜?〉の疑問文にする。

❷ (1)(3)期間をたずねる疑問文は How long で始める。
(2)は〈期間〉，(4)は〈起点〉。

❸ (3)〈継続〉の期間をたずねる疑問文にする。

❹ (1)(2) How long を使って〈期間〉をたずねる疑問文。
(1)「先週から」は〈起点〉なので since を使う。
(2)「10年間」は〈期間〉なので for を使う。

❺ (1)(4) be の過去分詞形は been。 (2) have の過去分詞形は had。

WRITING Plus 〈How long＋have[has]＋主語＋動詞の過去分詞形 〜?〉の疑問文には，具体的な〈期間〉や〈起点〉を答える。
(1)「どのくらいの間，あなたの町に住んでいますか」
(2)「どのくらいの間，英語を勉強していますか」

ポイント 現在完了形の文でよく使われる語
・継続 for, since
・完了 just, already, yet(疑問文・否定文)
・経験 before, ever(疑問文), never(否定文)

6

p.22～23 ステージ**1**

Wordsチェック (1)シカ (2)～を作り出す
(3)線路 (4)～から離れている (5)**dislike**
(6)**hit** (7)**report** (8)**wait for**

❶ (1)**been reading** (2)**have been studying**
(3)**has been listening**

❷ (1)**have been** (2)**has, sleeping**
(3)**Have, been doing, I have**

❸ (1)**My sister has been talking on the phone**
(2)**Has it been raining since last night**

❹ (1)**Thanks to** (2)**wait for**
(3)**keep away** (4)**few, in**

❺ (1)**have been listening**
(2)**has been snowing**
(3)**Have, been waiting, I[we] have**

━━━━━ 解 説 ━━━━━

❶ 現在完了進行形は〈have[has] been＋動詞の -ing 形〉で表す。

❷ (3)現在完了進行形の疑問文は〈Have[Has]＋主語＋been＋動詞の -ing 形 ～?〉で表す。

❸ (1)「電話で」は on the phone。

❹ (4)people は数えられる名詞なので「ほとんど～ない」は few で表す。

❺ (2)「雪が降る」は snow。

p.24～25 ステージ**1**

Wordsチェック (1)小道, 通路 (2)人間
(3)安全に (4)行ったり来たりする
(5)**rope** (6)**forest** (7)**along** (8)**through**

❶ (1)キ (2)イ (3)エ (4)オ (5)ウ, カ
(6)ク, ア

❷ (1)① **ever**
(2)**rope bridge over the road**
(3)② **seen** ④ **called**
(4)**2007** 年からそれを使っています

❸ (1)**My mother has just come home**
(2)**He has worked here for more than five**
(3)**Have you ever written a letter in English**

❹ (1)**huge, over** (2)**come, go** (3)**tried to**

━━━━━ 解 説 ━━━━━

❶ (3)〈期間〉なので for を使う。
(4)〈完了〉を表す現在完了形の否定文では yet「まだ(～ない)」を使う。

(6)**ミス注意!** 〈期間〉を問う疑問文。〈起点〉となる年(2018)を答えているので since を使う。

❷ (3)④「～と呼ばれている」という意味の受け身の文。
(4)現在完了進行形の文。

❸ (1)just は has と動詞の過去分詞形の間に置く。
(2)more than ～ は数の前につける。

❹ (3)**ミス注意!** try の過去形は y を i にかえて ed をつける。

p.26 ステージ**1**

Wordsチェック (1)ヒマワリ (2)(花が)咲く
(3)**grow** (4)**seed** (5)**water** (6)**happy**

❶ (1)**water** (2)**grows** (3)**is planting**

❷ (1)**had a rabbit when she was a child**
(2)**Have you fed Pochi yet**

━━━━━ 解 説 ━━━━━

❶ (3)現在進行形の文にする。

❷ (1)**ミス注意!** 〈when＋主語＋動詞〉の語順。
(2)fed は feed の過去分詞形。

p.27～28 ≪ **文法のまとめ①** ≫

1 (1)**made** (2)**started** (3)**been**
(4)**played**

2 (1)**Have, have** (2)**Has, hasn't**
(3)**ever, never** (4)**How long, Since**

3 (1)**I have just cooked dinner.**
(2)**Have you ever heard about the word?**
(3)**Naoki hasn't[has not] finished his report yet.**
(4)**How long has he stayed in Japan?**

4 (1)**My mother has never been to Tokyo**
(2)**Have you ever seen the TV program**
(3)**Yumi has been practicing the piano for two hours**

━━━━━ ≪ 解 説 ≫ ━━━━━

1 現在完了形の文なので, 動詞を過去分詞形にする。
(3)be の過去分詞形は been。

2 (2)has not の短縮形を使う。
(4)〈期間〉を問う疑問文。

3 (3)**ミス注意!** already は否定文では yet「まだ(～ない)」にする。
(4)〈期間〉を問う疑問文。

4 (3)現在完了進行形は〈have[has]＋been＋動詞の -ing 形〉で表す。

p.29 ステージ1

Wordsチェック (1)痛い (2)私に見せてください。
(3) throat (4) fever

1 (1) have, nose (2) have, fever
(3) How long, Since (4) me, look

2 (1) have had a sore throat since
yesterday
(2) How long have you had a headache

━━━ 解説 ━━━

1 (3)〈How long ～?〉を使って〈期間〉を問う現在完了形の疑問文にする。

2 (1)(2) have の過去分詞形は had。

p.30～31 ステージ2

1 🎧LISTENING イ

2 (1) never (2) ever (3) never (4) since
(5) for

3 (1) Ted has lived in Yokohama for thirty
years
(2) Have you been here since yesterday
(3) It has been raining for two days

4 (1) had, when (2) keep away
(3) Let, take

5 (1) has lived (2) When, met (3)鳴いていました (4) picked him up and brought
him

6 (1) What's, have (2) How long, Since
(3) Has, been, has

7 (1)例 Rie has been keeping a diary since
she was a child.
(2)例 Have you been staying in this city
for a long time?
(3)例 My father has been driving (a car)
for an hour.
(4)例 How long have you been working here?

━━━ 解説 ━━━

1 🎧LISTENING ケイコはギターを始めたばかりで上手に弾けないが、兄は小さい頃から習っていて上手だと話している。内容と一致する絵はイ。

🎵音声内容
A : Have you been learning the guitar for many
years, Keiko?
B : No, I haven't. I've just started, so I'm not
good at it yet.
A : How about your brother?

B : He's a very good guitar player. He has
been learning it since he was little.

2 (4)ミス注意 yesterday は〈起点〉を表す語なので since を前に置く。
(5) three years は〈期間〉を表す語句なので for を前に置く。

3 (1)(2)現在完了形の文。動詞は過去分詞形。
(2)「昨日から」は since yesterday で文末に置く。
(3)ミス注意 現在完了進行形の文。rain は -ing
形にする。

4 (1)「～とき」は接続詞 when を使う。

5 (1)〈for＋期間を表す語句〉があり、2語で表すことから、現在完了形。
(3)〈be 動詞の過去形＋動詞の -ing 形〉は過去進行形「～していました」。

6 (1)「(症状)がある」は have ～ で表す。
(2)〈期間〉を問う疑問文にする。this morning は〈起点〉を表す語なので since を前に置く。

7 (1)「日記をつける」は keep a diary。「リエは子どものときから」は「リエが子どもだったときから」。
(4)〈期間〉を問う疑問文は〈How long ～?〉を使う。

p.32～33 ステージ3

1 🎧LISTENING (1)ウ (2)イ (3)エ

2 (1) My favorite, is (2) When, grew
(3) problem (4) have a

3 (1) I have been working at this school
since 2018.
(2) It hasn't [has not] rained since last
Sunday.
(3) Has Judy been using this computer for
many years? — No, she hasn't [has not].
(4) How long have they known each other?

4 (1) has lived, for (2) has been, since

5 (1) baby (2) lived (3) For, weeks
(4)屋根の下、住んでいる

6 (1) been, has (2) How long, for
(3) been, since (4) Have, been, since

7 (1)例 I haven't [have not] seen [met]
them for a long time.
(2)例 He has liked animals since he was a
child.
(3)例 Has your mother been busy for a

8

━━━━━━ 解説 ━━━━━━

1 🎧LISTENING (1)ミス注意！ I have a headache.
「頭痛がします」と言っていることや，Do you
have a fever?「熱はありますか」に対し Yes と
答えていることから，ウの She's feeling sick.「彼
女は体調が悪い」を選ぶ。
(2)「もう部屋の掃除をしましたか」宿題をした後，
掃除をするつもりだと述べている。
(3)「ケンはどのくらい東京に住んでいますか」5
年前の夏休み中に東京に引っ越してきて，現在も
住んでいると述べている。

> ♪音声内容
> (1) A : What's your problem today?
>   B : I have a headache.
>   A : Do you have a fever, too?
>   B : Yes, I do.
>   Q : How is she feeling?
> (2) I've been doing my homework for an hour.
>   After this, I'm going to clean my room.
>   Q : Has he cleaned his room yet?
> (3) Ken moved from Kyoto to Tokyo five years
>   ago during the summer vacation.　He still
>   lives in Tokyo.
>   Q : How long has Ken lived in Tokyo?

2 (2)ミス注意！ grow「～を育てる」の過去形は
grew。
3 (1)〈継続〉を表す現在完了進行形の文にする。
(4)ミス注意！〈How long＋現在完了形の疑問文
～?〉の形で〈継続〉の期間をたずねる疑問文にす
る。
4 (1)(2)〈継続〉を表す現在完了形の文にする。
5 (2)〈How long＋have[has]＋主語＋動詞の過去
分詞形 ～?〉なので，live は過去分詞形に。
(3)〈期間〉は for ～ で表す。
(4)「ツバメは約3週間，アオイの家の屋根の下
の巣に住んでいます」
6 (1)be の過去分詞形は been。
(3)ミス注意！ snowing が -ing であることから，
〈has＋been＋動詞の -ing 形〉(現在完了進行形)
の文にする。
(4)know each other は「お互いを知っている」。
7 すべて〈継続〉を表す現在完了形の文にする。
(2)「子どものころから」は〈since＋主語＋動詞〉
で表す。

Unit 3

p.34～35 ステージ**1**

Words チェック (1)記憶，思い出 (2)～を伝える
(3)～を楽しみにしている (4)women
(5)telephone (6)invent
1 (1)what you (2)why, was (3)when, is
2 (1)彼がどこに住んでいるか
(2)どちら[どれ]が私のものか
(3)彼女が何を作るつもりか
3 (1)I don't know what you think
(2)Do you know how Kota comes to
(3)I know which book she likes
4 (1)I don't know where Kumi lives.
(2)We know who painted this picture.
(3)Does he know why you called him?
5 (1)Who invented (2)going to
(3)forward to
6 (1)when, born (2)where (3)what, likes

━━━━━━ 解説 ━━━━━━

1 間接疑問は〈疑問詞＋主語＋(助)動詞 ～〉の語順。
(2)「なぜ」は why。疑問詞のあとは，普通の文の
語順。
2 (3)〈疑問詞＋主語〉に続く動詞の時制にも注意。
助動詞 will があるので未来を表す。「何を作るつ
もりか」とする。
3 最初に〈疑問詞＋主語＋(助)動詞 ～〉のまとま
りを作るとよい。
(3)ミス注意！「どちらの本」は which book。あ
とは普通の文の語順。
4 (1)疑問詞で始まる文の主語が三人称単数なので，
動詞も三人称単数現在形の lives とすること。
(3)ミス注意！ 間接疑問文では，疑問詞のあとの
時制にも注意。ここでは過去形を使う。
5 (3)「～することを楽しみにしている」は look
forward to ～ing。
6 メモより，アキラがエマについて知っているこ
とは誕生日。知らないことは出身地と好きな食べ
物。(1)「誕生日」は「いつエマが生まれたか」と
表す。

p.36～37 ステージ**1**

Words チェック (1)～を上達させる
(2)一組の～，一足の～ (3)told (4)stand
(5)memorial (6)How old ～?

❶ (1) when, ate　(2) Tell, what

(3) Tell me how you go to the library.

❷ (1) あなたはいつそこへ行ったのか

(2) それが何であるのか

❸ (1) Tell me where I should go.

(2) Will you tell me how you made this cake?

(3) Yuka told us which was better.

❹ (1) Tell me what you want for Christmas

(2) Will you tell me who can play

(3) Please tell me why you came by bus

❺ (1) Tell, when　(2) How old

(3) stands, station

WRITING Plus✐ (1) 例1 It is ten years old.

　　　例2 My school is 10 years old.

(2) 例 I live in Tokyo.

(3) 例1 I ate[had] spaghetti (for lunch).

　　　例2 I had[ate] curry and rice (for lunch).

━━━━━━━━ 解説 ━━━━━━━━

❶ 〈tell＋人＋疑問詞＋主語＋(助)動詞 ～〉の語順。

❷ 〈疑問詞＋主語〉に続く動詞の時制にも注意。

(1) went なので「いつ行ったのか」。

❸ (1) **ミス注意**✐ 「～すべき」は助動詞 should で表し，where のあとは，普通の文の語順。

(2) 間接疑問文では，疑問詞のあとの時制に注意。ここでは過去形を使う。

❹ (2) 疑問詞 who が主語の間接疑問文。〈疑問詞（＝主語）＋(助)動詞 ～〉の語順にする。

❺ (2) 「～は何歳ですか」は How old ～? で表す。

WRITING Plus✐ (1)「あなたの学校はどれくらい古いか（＝建って何年になるか）私に教えてください」という意味。人の年齢と同じように，～ years old を使う。

(2)「どこに住んでいるか私に教えてくれませんか」という意味。「～に住んでいます」は I live in ～. で答える。

(3)「昼食に何を食べたか私に教えてくださいませんか」という意味。「～を食べました」は ate または had を使う。

p.38～39 ━━ **ステージ1**

Words チェック (1)～し続ける　(2)～を折る

(3) 実現する　(4) 願い，望み　(5) paper

(6) kept　(7) get off　(8) wonder

❶ (1) いつ行くべきか　(2) 何と言うべきか

(3) そのケーキの作り方

❷ (1) when to　(2) how to　(3) where to

(4) what to

❸ (1) Do you know what to do

(2) We learned how to use the computer

(3) Will you tell me when to serve the dish

(4) I didn't know which shirt to buy

❹ (1) what time　(2) where to go

❺ (1) kept reading　(2) get off

(3) came true

❻ (1) shop　(2) tennis　(3) take

(4) homework

━━━━━━━━ 解説 ━━━━━━━━

❶ (1) when to ～「いつ～すべきか」

(2) what to ～「何を～すべきか」

(3) how to ～「どのように～すべきか，～のやり方」

❷ すべて〈疑問詞＋to＋動詞の原形〉で表す。

(3)(4) show, tell は目的語を2つとる動詞。あとの目的語が〈疑問詞＋to ～〉の形になる。

❸ (1) 最初に〈疑問詞＋to＋動詞の原形〉のまとまりを作るとよい。

(3) **ミス注意**✐ tell のように目的語を2つとる動詞は，〈疑問詞＋to＋動詞の原形〉の前にもう1つの目的語（人）がくる。

(4)「どちらのシャツ」は which shirt。which や what は後ろに名詞を伴い〈which[what]＋名詞＋to＋動詞の原形〉で「どちらの[何の]～を…すべきか」を表す。

❹ (1) **ミス注意**✐ 空所が2つあり，直後に「時刻」を答えているので，when to ～ ではなく what time to ～ で「何時に～すべきか」とする。

❺ (1) **ミス注意**✐ 「～し続ける」は keep ～ing。「読み続けた」なので keep を過去形，read を ing 形にする。

❻ (1) 名詞が入る。文脈から which shop とするのが適切。

┌─ **ポイント** 〈疑問詞＋to＋動詞の原形〉

・how to ～「どのように～すべきか，～のやり方」

・what to ～「何を～すべきか[したらよいか]」

・where to ～「どこに[で]～すべきか[したらよいか]」

・which to ～「どちら[どれ]を～すべきか[したらよいか]」

p.40〜41 ステージ**1**

W ords チェック (1)瞬間　(2)燃えて
(3)次々に　(4)〜を実行する　(5)forget
(6)experience　(7)number　(8)end
(9)strong　(10)repeat

1 (1)how to　(2)which, likes　(3)what to
(4)when, was

2 (1)イ　(2)The moment she saw
(3)what to do
(4)1. It tells us how tragic that day was.
　　2. She was eight (years old).

3 (1)carry out　(2)on fire　(3)Don't[Never]
forget　(4)one after　(5)The moment

━━━━━━━━ 解 説 ━━━━━━━━

1 (1)(3)〈疑問詞＋to＋動詞の原形〉を含む文。
(2)(4)〈疑問詞＋主語＋(助)動詞 〜〉を含む文。
(2)疑問詞で始まる文の主語が三人称単数なので，
動詞も三人称単数現在形の likes とすること。
(4)「生まれた」は was born。

2 (1)下線部①の how は〈程度〉を表す。how
tragic that day was「その日がどれほど悲惨であ
ったか」。イの how kind she is は「彼女がどれほ
ど親切か」。アは〈様子〉，ウは〈方法〉を表す how
が使われている。
(2)〈the moment＋主語＋動詞〉で「〜するとすぐ
に」という意味。
(4)1. 1文目 Her story tells us 〜の文。
　　2. 2文目 She was 〜の文。

3 (3)「〜してはいけません」は否定の命令文
Don't 〜で表す。

p.42 ステージ**1**

W ords チェック (1)必要な　(2)平和を維持する
(3)shocked　(4)important

1 (1)shocked to　(2)should, each other
(3)Learning, important

2 (1)We should not start a war
(2)Her story is very useful

━━━━━━━━ 解 説 ━━━━━━━━

1 (1)「〜して」という意味で，感情の原因を表す
〈to＋動詞の原形〉を使う。
(2)「〜するべきである」は助動詞 should を使う。

2 (1)「〜するべきではありません」。should の否
定形は not を後ろに置き，〈should not＋動詞の
原形〉の語順。

p.43 ステージ**1**

W ords チェック (1)機長　(2)〜行きの
(3)line　(4)tower　(5)airport　(6)on board

1 (1)tell　(2)get　(3)Take　(4)change
(5)off

2 (1)行きです　(2)私に教えてくださいませんか

━━━━━━━━ 解 説 ━━━━━━━━

1 (1)(2)「〜への行き方を教えてくださいますか」
と目的地までをたずねる文は Could you tell me
how to get to 〜?。
(4)change to 〜は「〜に乗り換える」。

2 (1)bound for 〜は「〜行きの」。

ポイント 道をたずねるていねいな表現
Could you tell me how to get to 〜?
「〜への行き方を教えてくださいますか」

p.44〜45 ステージ**1**

W ords チェック (1)場所　(2)有名な
(3)couldn't　(4)country

1 (1)What, favorite　(2)Have, ever
(3)likes, best

2 (1)season　(2)like　(3)What　(4)I'm

3 (1)What, want, when　(2)When did
(3)influenced, most　(4)What, best

4 (1)What, of, good[nice] country
(2)Why, so, kind, friendly
(3)long, been, For
(4)want, again, course, That's

5 (1)例1 I respect my parents (the most).
　　例2 I respect Sakamoto Ryoma (the
　　most).
(2)例1 I want to be a tennis player (in the
　　future).
　　例2 I want to be a scientist (in the
　　future).

6 例1 What subject did you like when you
were a child?
例2 What is your dream for the future?

━━━━━━━━ 解 説 ━━━━━━━━

1 (1)「お気に入りの」は favorite。
(2)〈経験〉を問う現在完了形の疑問文。
(3)「〜がいちばん好きです」は like 〜 the best。

2 (1)B が I like summer the best.「夏がいちばん
好きです」と答えているので，好きな季節をたず
ねる文にする。「季節」は season。

(3)(4)〈be going to＋動詞の原形〉で「～するつもりです」を表す。be 動詞は主語や時制によってかわる。

(4) I am の短縮形を使う。

❸ (3)「影響を与える」は influence。

❹ (4) That's all. は話の最後につけ加えて、「これですべてです，これで終了です」などの意味を表す。

❺ (1)質問は「あなたが最も尊敬する人はだれですか」という意味。

(2)質問は「あなたは将来何になりたいですか」という意味。

❻ 好きなスポーツ選手などインタビューしたい相手を具体的に想像しながら書くとよい。

p.46～47 ステージ2

❶ 🔊LISTENING　ウ

❷ (1) how　(2) you live　(3) what I should

❸ (1)彼女がどこの出身か

(2)その箱をどうやって開けるのか[その箱の開け方を]

(3)この絵はだれがかいた

❹ (1) I don't know what to say

(2) Tell me when I should start to perform

❺ (1) forward to　(2) wonder

(3) Could[Will / Would]，where

❻ (1) know where we're going to go

(2) We're going to　(3)第二次世界大戦中に

(4)ウ

❼ (1) how to　(2) should go　(3) when，born

❽ (1)例 Tell me where to sit.

(2)例 I know what you did yesterday.

(3)例 She told me which to choose.

━━━ 解説 ━━━

❶ 🔊LISTENING　機内アナウンスであることを聞き取る。

🎵音声内容
Welcome to Blue Sky Airlines flight 502 bound for Seoul.　Today's flight to Seoul will be fourteen hours and forty minutes.

❷ (1)「私は俳句の書き方を知りません。」

(2)「あなたがどこに住んでいるのか私に教えてください。」

(3)「彼は何をするべきか私に教えてくれました。」

❸ (3)疑問詞 who が主語の間接疑問文なので，〈疑

問詞(＝主語)＋(助)動詞〉の語順。「だれが～するのか」。

❹ (2)間接疑問文で助動詞を使うときは，疑問詞のあとに〈主語＋助動詞＋動詞の原形〉を続ける。

❺ (1)「～を楽しみにしている」は look forward to ～。to のあとは名詞か動名詞がくる。

(2) I wonder ～で「～かなと思う」の意味。思うことについて確信が持てないときに使う表現。

❻ (2) We are の短縮形を使う。

(3) during は「～の間(中)」という意味の前置詞。

(4) I know that ～「～ということを知っています」と相手が述べたことに対する応答。選択肢の中で適しているのは That's right.「その通りです」。イの You'll know. は「あなたは知るでしょう」という未来を表す文。

❼ (2)ミス注意！〈疑問詞＋to＋動詞の原形〉を〈疑問詞＋主語＋(助)動詞〉の間接疑問文で表す。

❽ (3)「～を選ぶ」は choose。

p.48～49 ステージ3

❶ 🔊LISTENING　(1)エ　(2)イ　(3)ウ

❷ (1) The moment　(2) change to

(3) how to，to　(4) Take，Get off

❸ (1) where to　(2) when to

❹ (1) I don't know which movie to watch

(2) I wonder where we should eat lunch

(3) Miki showed the children how to fold a paper crane

❺ (1) statue　(2)あなたは(今までに)禎子さんについて聞いたことがありますか。

(3) who　(4)ア ○　イ ×　ウ ○

❻ (1) favorite　(2) ever　(3) going　(4) to

❼ (1)例 I don't know when his birthday is.

(2)例 Could[Will / Would] you tell me how to get to the nearest post office?

(3)例 Do you know where to get off the train?

━━━ 解説 ━━━

❶ 🔊LISTENING　(1)「誕生日に何がほしいか私に教えてください」エの「私は新しいバッグがほしいです」が適している。

(2)「駅への行き方を教えてくださいませんか」道案内をしているのはイの「このバスに乗って，駅前という停留所で降りてください」。

(3)「英語のテストがいつあるか知っていますか」

ウの「いいえ。グリーン先生に聞いてみよう」が
適している。

♪ **音声内容**
(1) Tell me what you want for your birthday.
(2) Excuse me.　Could you tell me how to get to
　 the station?
(3) Do you know when we'll have an English
　 test?

❷ (1)「〜するとすぐに」は〈the moment＋主語＋
動詞〉で表す。
(4)「〜に乗ってください」は Take 〜，「〜で降
りてください」は Get off at 〜で表す。

❸ (1)「訪れるべき場所」→「どこを訪れるべきか」。

❹ (1)「どの映画を見るべきか」は to を補い〈疑問
詞＋名詞＋to＋動詞の原形〉で表す。
(2) should に注目して「どこで〜すべきか」は間
接疑問文で表す。where を補う。
(3)「折り方」→「どのように折るか」。how を補
い〈疑問詞＋to＋動詞の原形〉で表す。

❺ (2) hear of 〜は「〜のことを聞く」。
(3)「ベル先生は，彼女がだれであるかを教えてく
れました。」「だれ」は疑問詞 who で表す。
(4)ア「広島平和記念公園には禎子さんの像があり
ます」
イ「エミリーは禎子さんがだれなのか知りません」
ウ「禎子さんは原爆が原因で亡くなりました」

❻ (2)〈経験〉を表す現在完了形の文。
(3)〈be going to＋動詞の原形〉「〜するつもりで
す」の文。

❼ (2)「いちばん近い〜」は near「近い」の最上
級 the nearest 〜 を使う。
(3) **ミス注意** 「どこで〜すべきか」は間接疑問文
で表すこともできるが，to が指定されているの
で〈疑問詞＋to＋動詞の原形〉で表す。

ポイント 「〜すべき…」の表し方
〈名詞＋to＋動詞の原形〉「〜すべき…」
〈what[when]＋to＋動詞の原形〉
「何を[いつ]〜すべきか」
〈what[when]＋主語＋should＋動詞 〜〉
「…は何を[いつ]〜すべきか」

Unit 4

p.50〜51 **ステージ1**

Wordsチェック (1)社会　(2)クラシックの
(3)車いす　(4)階段　(5) spring　(6) borrow

❶ (1) makes, excited　(2) makes me sad
(3) makes me bored

❷ (1) make us　(2) makes him　(3) made us

❸ (1) This music makes me relaxed
(2) The news made them surprised
(3) Your letter made him happy
(4) The end of the story made us
disappointed

❹ (1) made me　(2) made, sad

❺ (1) useful　(2) It, to　(3) I borrow

❻ (1) makes, nervous　(2) made, tired
(3) makes, sleepy　(4) made, angry
(5) made, sad

解説

❶ make(s) のあとは〈人[ものごと]＋形容詞〉の語
順に。

❷ (3)「〜にさせました」は過去の文なので，
make の過去形 made を使う。

❸ 文の内容をよく読み取り「〜して…です」「〜
すると…です」の文を「〜が―を…にします」で
表す。
(1)は this music，(2)は the news，(3)は your
letter をそれぞれ主語にする。感情や様子を表す
形容詞が最後にくる。
(4)「その物語の終わり」は the end of the story。

❹ make を使って「…が人[ものごと]を〜にする」
の形で表す。
(2) to hear the story「その話を聞いて」は感情の
原因を表す副詞的用法の不定詞。

❺ (2)「〜するのは…である」は〈It is ... to＋動詞
の原形〉で表す。

❻ (1)「緊張して」nervous
(4)「怒っている」angry

ポイント 「…を〜にする」の文
〈make＋人[ものごと]＋形容詞〉

p.52〜53 **ステージ1**

Wordsチェック (1)補助犬　(2)〜が…するのを許
可する　(3)パートナー　(4)身体障がい

(5) ask　(6) salt　(7) wake　(8) wake 〜 up

❶ (1) him　(2) to go　(3) us　(4) to clean

❷ (1) to be [become]　(2) to write

(3) tells me to　(4) asked, to buy

❸ (1) 宿題を手伝って　(2) 手を洗うように

(3) 窓を開けるように

❹ (1) Do you want him to come

(2) Mr. Green told us to read this book

(3) My father asked me to go to the post office

❺ (1) pass, salt　(2) allow, to

(3) wakes, up　(4) partner, play

❻ (1) want, to sing

(2) to teach [show] me how to dance

━━━━━━━━━ 解 説 ━━━━━━━━━

❶ (1)(3) want や tell のあとの人称代名詞は目的格にする。

❷ (1)「人に〜してほしい」は〈want ＋ 人 ＋ to ＋ 動詞の原形 〜〉で表す。「〜になる」は become でもよい。

❸ (1)(2)〈want [tell] ＋ 人 ＋ to ＋ 動詞の原形 〜〉の文で，to 以下は「(人)にしてほしい [するように言った] こと」の内容を表す。

❹ (1) 疑問文「人に〜してほしいですか」は〈Do [Does] ＋ 主語 ＋ want ＋ 人 ＋ to ＋ 動詞の原形 〜?〉で表す。

❺ (3) ミス注意! 主語が三人称単数で現在形の文なので，s をつけて wakes にする。

❻ (1)(2) I want Kumi to 〜. の文。

(1) は「歌を歌う」，(2) は「踊り方を教える」を〈to ＋ 動詞の原形 〜〉で表す。

ポイント 「人に〜してほしい」の文
〈want ＋ 人 ＋ to ＋ 動詞の原形 〜〉

p.54〜55　ステージ1

Wordsチェック (1) 特徴　(2) 多目的の

(3) couldn't　(4) wide

❶ (1) her teacher move the chairs

(2) helped an old woman carry her heavy bag

(3) helped her sister make a pie

(4) helped the tourists change trains

❷ (1) helped, write　(2) helped, clean

(3) helps, study　(4) help, carry

❸ (1) I help my mother wash the dishes

(2) The sign helped us find the temple

(3) Who helped you carry the table

❹ (1) 私の兄 [弟] は，私が宿題をするのをときどき手伝います。

(2) 彼女はアメリカ人が博物館への道を見つけるのを手伝いました。

❺ (1) to, wide　(2) couldn't find　(3) easy to

(4) various [different] features

WRITING Plus✏ (1) 例 Yes, I do. [No, I don't.]

(2) 例 Yes, I have. [No, I haven't.]

(3) 例1 I can help them find something.

例2 I can help them carry something heavy.

━━━━━━━━━ 解 説 ━━━━━━━━━

❶ すべて〈help ＋ 人 ＋ 動詞の原形 〜〉で表す。

❷ ミス注意! (3) 主語が三人称単数で，現在形の文であるため，helps にする。

❸ (3) Who のあとに〈help ＋ 人 ＋ 動詞の原形 〜〉を続ける。

❹ (2) the way to 〜「〜へ行く道」

❺ (4)「いろいろな」は different でもよい。

WRITING Plus✏ (1)「あなたは家族が夕飯を作るのを手伝いますか」

(2)「お年寄りがバスを降りるのを助けたことがありますか」経験を表す現在完了形の文。

(3)「友だちを助けるために何ができますか」

p.56〜57　ステージ1

Wordsチェック (1) 安全な　(2) 危険な　(3) ある日

(4) 目の不自由な　(5) 〜をほこりに思う

(6) feet　(7) almost　(8) more than

❶ (1) to be　(2) told　(3) made　(4) to open

(5) helps

❷ (1) became　(2) Braille blocks

(3) ③ more than　④ such as　(4) ウ

(5) 私は彼をとてもほこりに思います。

❸ (1) almost　(2) difference (s) between

(3) One day

❹ (1) helped, carry　(2) made her

(3) wants, to　(4) tells, to listen

━━━━━━━━━ 解 説 ━━━━━━━━━

❶ (3) her のあとが形容詞 happy であることから made を選び〈make ＋ 人 [ものごと] ＋ 形容詞〉の文にする。

❷ (4)下線部⑤の made は「…を〜にした」の意味。同じ意味の made を含むのはウ「その歌は彼をリラックスさせた」。

❸ (2) difference はここでは複数形でもよい。

❹ ミス注意❗ (3)(4)主語が三人称単数なので，動詞も三人称単数現在の s をつける。

p.58 ■ステージ❶

Ｗordsチェック (1)はさみ (2)でこぼこ
(3) elderly (4) switch (5) automatic door
(6) moving walkway

❶ (1) I'll talk about (2) understand
(3) So, help

❷ (1) I'll talk about a low-floor bus
(2) So it helps blind people get information

■────■ 解説 ■────■

❶ (3)「…が〜するのを助けます」は〈help＋人＋動詞の原形〉を使う。

❷ (2)「情報を得る」は get information。

p.59 《 文法のまとめ② 》

1 (1) how to (2) where, from
(3) when, should (4) what to

2 (1) he should (2) how to

《 解説 》

1 (2)「〜出身です」は be from 〜。

2 (1)〈疑問詞＋to＋動詞の原形〉を〈疑問詞＋主語＋(助)動詞〉の間接疑問文で表す。

p.60〜61 《 文法のまとめ③ 》

1 (1) made (2) tells (3) to cook (4) find

2 (1) to sing (2) asked, to (3) told, to
(4) made him

3 (1) asked, to (2) told, to

4 (1) Did you ask Maki to come here
(2) We want his team to win
(3) They painted the wall white
(4) My mother let me choose new shoes

5 (1) My father wants me to be a teacher.
(2) Did you help him study math?
(3) My cat always makes me happy.

《 解説 》

1 (1) me のあとは形容詞 sleepy であることから made を選び〈make＋人[ものごと]＋形容詞〉の文にする。

2 (4)〈make＋人＋形容詞〉の文では，代名詞は目的格を使う。

3 ミス注意❗ (1) Please があるので「頼む」を意味する ask を使う。
(2)命令文なので，「人に〜するように言う」という命令的な意味を持つ〈tell＋人＋to＋動詞の原形〉を使う。
(1)(2)どちらも動詞を過去形にする。

4 (3)「…を〜に塗る」は〈paint＋(代)名詞＋形容詞〉の語順。
(4)「人[ものごと]に〜させる」は〈let＋人[ものごと]＋動詞の原形〉の語順。

5 (1)〈want＋人＋to＋動詞の原形〉の文。代名詞は目的格を使う。

p.62〜63 ■ステージ❶

Ｗordsチェック (1)〜に折り返し電話する
(2)あとで (3) by (4) check

❶ (1)ウ (2)イ (3)エ (4)ア

❷ (1) Could, please, to (2) check, later
(3) call, by

❸ (1) speak to (2) tell (3) Could, tell, call, back (4) going, check

❹ (1) Hello, this, speak, sorry, out now
(2) where he is, to, still (3) playing, been playing, for (4) be[come], soon, call, back later

❺ (1) when, be[come] (2) want, to, at
(3) where, now

■────■ 解説 ■────■

❶ (1)「ジェーンとお話しできますか[ジェーンをお願いします]」電話での慣用表現。
(2)空所の前で Mrs. Scott が謝っていることから状況を判断する。
(4)「彼女に折り返し電話をかけるように伝えていただけますか」

❷ (1)ていねいな依頼の表現 Could you please 〜? と「(人)に〜するように言う」〈tell＋人＋to＋動詞の原形〉を使う。

❸ (3)「(人)に折り返し電話する」は〈call＋人＋back〉。

❹ (3) They have been playing it for more than three hours. 現在完了進行形で動作の継続を表す。

❺ (1)(3)は，疑問詞で始まる疑問文が，文の目的語になる間接疑問文の形。

p.64〜65 ■ステージ❷

❶ 🔊LISTENING (1)ウ (2)ア (3)イ

❷ (1) to sing　(2) it means　(3) told
(4) made

❸ (1) wake, up　(2) made us　(3) One day

❹ (1) to wait　(2) told, to

❺ (1) My parents want me to be a teacher
(2) Mr. Smith told us to do our best

❻ (1) ramps　(2) wheelchair users 車いすの
使用者　(3) useful
(4) The ramps make many people happy

❼ (1) This, I, to　(2) tell[ask], to, back
(3) where, lives

❽ (1)例 The woman asked me to take a
picture[pictures].
(2)例 I want him to make[cook] lunch.
(3)例 We helped him find his[the] key.
(4)例 The event made us surprised.

━━━━━━━ 解説 ━━━━━━━

❶ 🎧LISTENING (1)サッカーの誘いを断っている。
(2)電話での会話。(3)クミがテレビを見て，悲しそ
うにしている。

> ♪ 音声内容
> (1) A : Let's play soccer this afternoon.
>   B : Sorry, I can't.　My mother asked me to
>   help her.
> (2) A : Hello? This is Emily.　May I speak to
>   Jun?
>   B : I'm sorry.　He's out now.
> (3) A : Oh, Kumi.　Are you OK?
>   B : Yes, I'm OK.　Sorry.　This story always
>   makes me sad.

❷ (1)「あなた(たち)は私にその歌を歌ってほしい
ですか」
(2)「私はそれが何という意味か知っています」
(3)「母は私に勉強するように言いました」
(4)「彼のことばはマリを怒らせました」

❸ (1)「〜を起こす」は wake 〜 up。

❹ (1)"〜, please."「〜してください」と依頼す
る文は〈ask＋人＋to＋動詞の原形 〜〉で書きかえ
られる。

❺ (1)「人に〜してほしい」は〈want＋人＋to＋動
詞の原形 〜〉の語順。
(2)「人に〜するように言う」は〈tell＋人＋to＋動
詞の原形〜〉の語順。

❻ (4)〈make＋人[ものごと]＋形容詞〉の文にする。

「スロープは多くの人々を幸せにします」

❼ (3) ミス注意❗ 〈疑問詞＋主語＋動詞〉の間接疑
問文。主語が三人称単数なので lives。

❽ (4) make「(人[ものごと])を〜にする」を使っ
て表す。

p.66〜67 ═══ステージ❸

❶ 🎧LISTENING (1)イ　(2)エ　(3)ウ

❷ (1) proud of　(2) I borrow
(3) wants spring

❸ (1) told, to be　(2) asked, to play
(3) made

❹ (1) Did you tell her what to do
(2) They want you to be a captain
(3) Her smile always makes us happy

❺ (1) uses　(2) he is not allowed to enter
(3) are partners　(4)ア ×　イ ×　ウ ○

❻ (1)例 I want you to teach me how to play
the piano.
(2)例 This movie makes him excited.
(3)例 English helps people understand
each other.

❼ (1)例 Yes, it does. [No, it doesn't.]
(2)例 I want my robot to clean my room.

━━━━━━━ 解説 ━━━━━━━

❶ 🎧LISTENING (1)質問は「トムは何になりたいと
思っていますか」イの「サッカー選手」が適してい
る。
(2)「だれがあとで電話をかけ直しますか」電話を
かけてきたケンが I'll call her back later.「あと
でかけ直します」と言っているので，正解はエの
「ケンです」。
(3)「何がヨウコを幸せにしますか」ウの「その歌
が彼女を幸せにします」が適している。

> ♪ 音声内容
> (1) A : What do you want to be in the future,
>   Tom?
>   B : Well, I want to be a soccer player, but
>   my parents want me to be a teacher.
>   Question : What does Tom want to be?
> (2) A : Hello?　This is Ken.　May I speak to
>   Linda?
>   B : I'm sorry, she's not home now.
>   A : OK.　I'll call her back later.
>   Question : Who will call back later?
> (3) A : Do you like this singer, Yoko?

B : No, I don't like him very much, but I like this song.　It makes me happy.

Question : What makes Yoko happy?

❷ (2)「～してもいいですか」と許可を求める表現は May I ～?。

❸ (3)〈make＋人[ものごと]＋形容詞〉を使って「昨日は何があなたを怒らせたのですか」という文にする。

❹ (1)「何をすべきか」は what to do。

(3) always は通常，一般動詞の前に置く。

❺ (1)主語が三人称単数なので uses にする。

(2) allow ～ to ...「～が…するのを許可する」の受け身の文。

(4)ア「彼のおじはペットとしてイヌを飼っています」

イ「彼のおじはいつもイヌといっしょに店やレストランに入ることができます」

ウ「補助犬は，障がいのある人にとってパートナーです」

❻ (1)「ピアノの弾き方」は how to play the piano。

❼ 質問は(1)「音楽はあなたを幸せにしてくれますか」，(2)「もしあなたがロボットを持つなら，ロボットに何をしてほしいですか」という意味。

Unit 5

p.68〜69　ステージ1

Wordsチェック (1)科学者　(2)日記

(3) musician　(4) god

❶ (1) who dances　(2) who runs

(3) the boy who studies

❷ (1) who　(2) who speaks

(3) who helped, was

❸ (1) I know the boy who is talking to Kenta.

(2) The girl who took this photo lives in Canada.

❹ (1) Do you know that girl who is dancing well

(2) The teacher who teaches math to us is

(3) I like that actor who has long hair

❺ (1) famous musician

(2) be[become], scientist　(3) diary

❻ (1) who told[showed]　(2) who got[won]

(3) who painted[drew]

(4) who lived　(5) who sang

▶ 解説 ◀

❶ **ミス注意！** 人を表す名詞のあとに〈who＋動詞～〉を続ける。すべて三人称単数なので動詞は三単現の形にする。

❷ すべて関係代名詞 who を使って1文にする。

(1)は They を，(2)(3)は She を who にかえ，説明を加える語（人を表す名詞）のあとに続ける。

❸ (2) She を who にかえ，The girl のあとに〈who＋動詞 ～〉を置く。

❹ (3)「髪の長い」→「長い髪を持っている」

❺ (2)「～になりたい」want to be ～

❻ すべて「～した…」なので who に続く動詞は過去形にする。

(1)道順などをことばで説明するときは tell，地図などで説明したり，その場所まで案内するときは show を使う。

p.70〜71　ステージ1

Wordsチェック (1)冷蔵庫　(2)電子レンジ

(3) washing machine　(4) heat (up)

(5) used　(6) mountainside

❶ (1) that　(2) that　(3) that

❷ (1) that / 大きな庭のある家

(2) that is / 中国出身の友だち

(3) that teaches me / 私に日本語を教えてくれる本

❸ (1) I saw an elephant which was eating apples.

(2) I know the girl who can speak three languages.

(3) He has a watch that was given by his grandfather.

❹ (1) The boy that wrote this report became

(2) The cakes that are sold at this shop are

(3) People that are working here look busy

❺ (1) heat　(2) used book

WRITING Plus (1)例 Yes, I do. [No, I don't.]

(2)例 It is a school which[that] is near my house.

▶ 解説 ◀

❶ (1)(3)説明する名詞が人以外なので who は使え

ない。

(2)説明する名詞が人なので which は使えない。

❷ 説明する文の主語を that に置きかえ，説明を加える名詞のあとに〈that＋動詞～〉を挿入する。

❸ (1)説明する名詞が人以外なので，関係代名詞は指示により that 以外，つまり which を使う。

❹ (2) ミス注意！ 「売られるケーキ」なので加える説明の文は〈関係代名詞＋be 動詞＋過去分詞〉の受け身の文にする。

❺ (1)「～を温める」は heat up ～。

WRITING Plus (1)「あなたはカメラとして使うこともできる電話を持っていますか」

(2)「あなたの学校について教えてください」

ポイント 主格の関係代名詞と先行詞
・先行詞が人 → that, who
・先行詞が人以外 → that, which

p.72～73 ステージ1

Wordsチェック (1)しょう油 (2)写真

(3) New Year's Eve (4) get it

❶ (1) which, took (2) which I

(3) which, gave

❷ (1)私が家族とよく訪れるレストラン

(2)ケンタが昨日見た映画

(3)あなたが書いたメッセージ

❸ (1) which[that], wrote

(2) which[that], cooked

(3) Aya recommended

❹ (1) These are the books which I read

(2) Have you ever seen the movie I like

❺ (1) New Year's Eve (2) get it

(3) soy sauce

❻ (1) Akira likes (2) taught him

(3) is going to play

解説

❶ 修飾される名詞のあとには関係代名詞 which を入れる。説明の文の(1)は them，(2)(3)は it を置きかえたもの。which のあとは〈主語＋動詞 ～〉。

❷ which 以下を先に訳し，「～が…する[した]—」という意味のまとまりを作る。

(1) restaurant は visit の目的語。

(2) movie は saw の目的語。

(3) message は，wrote の目的語。

❸ 「～によって…された—」を「～が…した—」で表すもの。

(1)説明の文に yesterday とあるので，関係代名詞に続く動詞は過去形に。

(2) was delicious とあるので，cook は過去形にする。

(3)目的格の関係代名詞を省略して〈主語＋動詞 ～〉が修飾される名詞の直後に続く。

❹ ミス注意！ (2)語群に関係代名詞がないが，目的格の関係代名詞は省略できる。

❺ (2)「わかる」は get it。

❻ (1)「～がいちばん好き」は like ～ the best。メモの時制に注意。

(2)は teach の過去形 taught に，(3)は予定を表す未来の文にする。

ポイント 目的格の関係代名詞と先行詞
・先行詞が人 → that
・先行詞が人以外 → which, that

p.74～75 ステージ1

Wordsチェック (1)スポーツ選手 (2)銀

(3)～を受け取る (4)勝者 (5) history

(6) greatly (7) look around

(8) for the first time

❶ (1) who (2) which (3) that (4) which

❷ (1) that[which] (2) held

(3) first modern Olympic Games

(4) Athletes who won first place

❸ (1) that is (2) that, bought

❹ (1) first time (2) Olympic Games

(3) interested, history

❺ (1) which (2) who (3) which

解説

❶ (1)(3)修飾される名詞は人。

(2)(4)修飾される名詞は動物，もの。

❷ (1)先行詞 a photo はものなので which または that を使う。

(2)受け身の文にする。hold「開催する」の過去分詞は held。

❸ (1)は an uncle を〈that＋動詞 ～〉で，(2)は The shirt を〈that＋主語＋動詞 ～〉で後ろから修飾。

❹ (3)「～に興味がある」は be interested in ～。

❺ (1)(3)修飾される名詞はもの。

(2)修飾される名詞は人。

p.76 ステージ1

Wordsチェック (1)小説家 (2)世界的に有名な

(3)～を作り出す (4) create (5) draw

18

(6) discover
❶ (1) who[that] invented　(2) that I
(3) we know
❷ (1) He is an actor who is famous
(2) The pictures which she drew are popular
(3) This is an athlete who got a silver medal

━━━━━━━━━ 解説 ━━━━━━━━━

❶ ミス注意! (3)目的格の関係代名詞を省略した文。先行詞 a novelist のあとは〈主語＋動詞 〜〉。
❷ (1)(3)〈関係代名詞＋動詞 〜〉で an actor, an athlete を後ろから修飾する形に。
(2)〈関係代名詞＋主語＋動詞 〜〉で the pictures を後ろから修飾する形にする。

p.77 ━━ ステージ❶

Words チェック (1) terrible　(2) not bad
(3) game　(4) exam
❶ (1) How was　(2) How was, It was
(3) How was, Not
❷ (1) How was　(2) It was　(3) How was
(4) It was

━━━━━━━━━ 解説 ━━━━━━━━━

❶ (1)〜(3)「〜はどうでしたか」と感想をたずねる文。How was 〜?
(3) Not bad.「悪くなかった」
❷ (1)〜(4) How was 〜? の質問と，それに It was 〜. で答える文。

p.78〜79 ━━ ステージ❷

❶ 🎧LISTENING (1) イ　(2) ア
❷ (1) who　(2) which　(3) which　(4) which
❸ (1) for the first time　(2) have, greatly
(3) get it
❹ (1) which[that], made　(2) who[that] has
(3) he caught
❺ 例 Emi is a girl who[that] is kind to others.
❻ (1) many products that changed the world　(2) smartphone　(3) What
(4) 変える[変えた]，製品
❼ (1) This is the computer which I use every day
(2) The woman that my sister talked to is her teacher
(3) a letter to the friend who helped me

❽ (1) 例 The girl who took this picture [photo] is my cousin.
(2) 例 What is the movie which you watched [saw] yesterday?
(3) 例 The country which he visited is not America, but Canada.

━━━━━━━━━ 解説 ━━━━━━━━━

❶ 🎧LISTENING (1)「こちらは，多くの役立つものを発明した男性です」
(2)「こちらは，私の友だちのメグミです。彼女はとても速く走ることができるイヌを飼っています」

🎵音声内容
(1) This is a man who invented many useful things.
(2) This is my friend, Megumi.　She has a dog which can run very fast.

❷ which か who のどちらを選ぶかに注意。
(1)(2)主格の関係代名詞は，先行詞が人なら who，人以外なら which を使う。
(3)(4)目的格の関係代名詞は，先行詞が人以外の場合，which か that を使う。ここでは which にする。
❸ (2)継続の現在完了形の文にする。〈have＋動詞の過去分詞形〜〉。
❹ (2)この with〜は「〜を持っている」の意味。
❺ まず「エミは女の子です」という文を作り，「女の子」に関係代名詞を使って説明を加える。
❻ (3)感嘆文は〈What＋(a[an])＋形容詞＋名詞 〜!〉または〈How＋形容詞・副詞〜!〉で表す。あとに a great person が続いているので，ここでは what を使う。
❼ (1)「私が毎日使うコンピューター」の部分を，関係代名詞を使って表す。
(2) ミス注意! 「姉が話しかけた女性」の部分を，関係代名詞を使って表す。
(3)「私を助けてくれた友だち」の部分を，関係代名詞を使って表す。
❽ (3)「〜ではなく…」は not 〜 but …。

p.80〜81 ━━ ステージ❸

❶ 🎧LISTENING (1) イ　(2) エ　(3) ウ
❷ (1) winner received[got]
(2) airplane[plane], landed
(3) how, washing machine
❸ (1) which　(2) who　(3) which
❹ (1) Was the computer which you bought broken

(2) **The song that she <u>sang</u> was my favorite one**

(3) **Canada is one of the <u>countries</u> I want to visit**

(4) **show me the picture which you <u>painted</u> last week**

⑤ (1)イ　(2) **heard**

(3)あなたがいちばん好きな食べ物

(4) **get it**　(5) **who[that] invented, best, who**

⑥ (1)例 **The boy who told us the way to the station was kind.**

(2)例 **The language which is used in the [that] country is difficult.**

(3)例 **The[That] novel that I read made me very excited.**

⑦ (1)例 **This is the bag which[that] I bought yesterday.**

(2)例 **This[She] is my friend who[that] lives in Hokkaido.**

▶ 解説 ◀

❶ ♪LISTENING (1)質問は「その女性は何をしましたか」。ケンが「その本を書いた女性は私のおばです」と言っていることから，答えはイの「彼女は本を書きました」。

(2)質問は「その寺はいつ建てられましたか」。「これは1000年前に建てられた寺です」と述べているので，エが正解。1000は英語で one thousand，100は one hundred。～ ago は「（今から）～前に」を表す。

(3)質問は「図書館はどこですか」。「赤い屋根のあるレストランのとなりです」と述べているので，ウが正解。

♪ 音声内容

(1) A : Have you read this book, Ken?
　B : Yes.　The woman who wrote it is my aunt.
　Question : What did the woman do?

(2) A : This is a temple which was built 1000 years ago.
　B : What an old temple!
　Question : When was the temple built?

(3) A : Is the library next to the park?
　B : No.　It's next to a restaurant which has a red roof.
　Question : Where is the library?

❷ (3)「使い方」は〈how to＋動詞の原形〉を使う。

❸ (1)(3)先行詞は人以外。

(2)先行詞は人。

❹ (1)「壊れていた」は break「壊す」の受け身形 was broken「壊されていた」で表す。

(2) sing の過去形は sang。

(3)**ミス注意!**「～の1つ」は〈one of＋名詞の複数形〉で表す。いくつかあるうちの1つなので複数形となることに注意。

❺ (1)①は指示代名詞「あれ」。アの that は接続詞「～ということ」。ウは関係代名詞。

(2)〈経験〉を表す現在完了形の文。「彼のことを一度も聞いたことがありません」

(3)先行詞 the food の後ろに説明を加えている。

❻ (2)「～される…」の表し方は受け身の文で修飾する〈名詞＋関係代名詞＋be 動詞＋過去分詞形〉。which を使うとあるので関係代名詞を使った受け身の文にする。

(3)〈make＋人＋形容詞〉「人を～にする」の文。

❼ (1)「これは，私が昨日買ったカバンです」

(2)「こちら[彼女]は，北海道に住んでいる私の友だちです」

Unit 6

p.82～83　ステージ1

Words チェック (1)マスコット　(2)政府，自治体

(3) **pear**　(4) **design**　(5) **video**

(6) **play catch**

❶ (1) **reading**　(2) **studying English**

(3) **The girl making a cake**

❷ (1) **playing**　(2) **cooked**　(3) **known**

(4) **singing**

❸ (1)泣いている子ども

(2)日本中で読まれているマンガ本

(3)私の先生と話している少年[男の子]

❹ (1) **The teacher teaching English to us is from Canada**

(2) **This is a picture taken in Okinawa**

❺ (1) **designed**　(2) **played catch**

❻ (1) **carrying dishes**　(2) **standing under, tree**　(3) **written by**　(4) **made in**

▶ 解説 ◀

❶「～している女の子」は〈The girl＋動詞の～ing

形〉で表す。

② (3)「彼は世界中で知られている俳優です」

③ (2) ミス注意! read all over Japan が comic books を修飾している。この read は現在形ではなく，過去分詞形。

④ (1) teach ～＋to＋（人）「人に～を教える」

⑥ (4)「アメリカ製の」→「アメリカで作られた」

> **ポイント** 分詞の後置修飾
> ・「～している…」〈名詞＋現在分詞形 ～〉
> ・「～された…」〈名詞＋過去分詞形 ～〉

p.84～85 ステージ**1**

Wordsチェック (1)魔法の (2)創作者
(3) knew (4) anywhere (5) ticket (6) rich

① (1) lived (2) wouldn't (3) were

② (1) had, would (2) were, wouldn't
(3) were[was], could

③ (1) If I knew his phone number
(2) If she were in our team

④ (1) were, could
(2) weren't[wasn't], could
(3) didn't have, would

⑤ (1)忙しくなければ，私はその映画を見るのに。
(2)あなたが手伝ってくれたら，私はこれを終わらせることができるのに。
(3)彼がここにいれば，喜ぶだろうに。

⑥ (1) creator (2) ticket (3) move to
(4) rich, anywhere

WRITING Plus (1)例 No, we couldn't.
(2)例 I would make many friends all over the world.
(3)例 I would help poor people.

◀ 解説 ▶

❶ すべて仮定法。動詞・助動詞の過去形を選ぶ。
(3) be 動詞は was の代わりに were をよく使う。

❷ (2)「買わないだろう」→否定文なので wouldn't を使う。

❸ 〈if＋主語＋動詞の過去形〉の語順にする。

❹ (1)「私が医者ならば，彼らを助けることができるのに」という文にする。
(2)「雨が降っていなければ，サッカーができるのに」という文にする。「降っていなければ」は否定文なので，weren't を使う。
(3)「宿題がたくさんなければ，友だちと出かけるのに」という文にする。「なければ」は否定文な

ので，didn't have を使う。

❺ (3)前半の文の be 動詞は「いる」という存在を表している。

WRITING Plus (1)「もし地球に水がなければ，私たちは生きることができるでしょうか」
(2)「もしあなたが英語をとても上手に話せたら，何をするでしょうか」
(3)「もしあなたがとてもお金持ちなら，何をするでしょうか」

p.86～87 ステージ**1**

Wordsチェック (1)食器洗い機 (2) visitor
(3) feeling (4) grade

① (1) had (2) could (3) were

② (1) could (2) helped (3) were

③ (1) were (2) could (3) studied

④ (1) I wish I lived near my school
(2) I wish I could drive a car
(3) I wish he were[was] with us

⑤ (1)私が博物館への道を知っていればいいのに。
(2)私は世界中を旅行できればいいのに。
(3)今日が日曜日ならいいのに。

⑥ (1) grades (2) visitors (3) feelings

⑦ (1) I could play the guitar well
(2) I wish I were taller.

◀ 解説 ▶

❶ すべて仮定法。動詞・助動詞の過去形を選ぶ。

❷ (1)「あなた（たち）といっしょに行ければいいのに」という文にする。
(2)「彼女が私たちを手伝ってくれたらいいのに」という文にする。
(3)「私がプロ野球選手だったらいいのに」という文にする。

❸ (3) study の過去形は studied。

❹ (3) was でもよい。仮定法では，was の代わりに were をよく使う。

❺ (2) travel around the world「世界中を旅行する」

❼ 願望を表す仮定法の文にする。
(2)「もっと背が高い」→ tall の比較級 taller を使う。

p.88～89 ステージ**1**

Wordsチェック (1)ビジネス，商売 (2)小さな
(3)活発な (4)～する決心をする (5) wouldn't
(6) half (7) pretty (8) mind

① (1) standing (2) written (3) didn't

(4) weren't

② (1) made　(2) using　(3) were

③ (1)① didn't　② wouldn't　(2) don't

(3) made Kamikatsu famous

(4) have visited

④ (1) walking　(2) drawn　(3) boy wearing

⑤ (1) so, that　(2) decided to　(3) half

(4) continued to

◀ 解説 ▶

❶ (3)主節の助動詞が過去形であり，if 節の動詞を過去形にすると「自転車を持っていなければ，そこに行くことはできないだろう」という意味の仮定法になる(実際には持っているので，行ける)。

(4)願望を表す仮定法。動詞を過去形にする。「今日，雨が降っていなければいいのに」

❷ (1) a watch 以下は「作られた」という受け身形なので，過去分詞にする。

(2) The boy 以下は「使っている」という進行形なので，-ing 形にする。

❸ (1)仮定法の文。①②どちらも過去形にする。

(3)「人[ものごと]を～にする」は〈make＋人[ものごと]＋形容詞〉で表す。

(4)継続を表す現在完了形〈have＋動詞の過去分詞形〉の文にする。

❹ (3)「あなたはその男の子を知っていますか。彼は青いシャツを着ています」→「あなたは青いシャツを着ているその男の子を知っていますか」という現在分詞を用いた文にする。

❺ (1)「とても～なので…だ」は〈so ～ that 主語＋動詞〉で表す。

p.90　━━ ステージ**1**

Ｗｏｒｄｓチェック　(1)雷　(2)門　(3) town

(4) village

❶ (1) has, garden　(2) famous for

(3) built, than

❷ (1) Many people visit this city to eat udon

(2) You can see deer walking around the park

◀ 解説 ▶

❶ (1)「～がある」は〈主語＋has ～〉や〈There is [are] ～〉で表す。ここでは has。

(3)「お寺」を修飾する「建てられた」は過去分詞形で表す。

② (2)「公園内を歩きまわっている」という説明は「シカ」の後ろに置く。

p.91　《 文法のまとめ④ 》

① (1) who　(2) that　(3) found　(4) studying

② (1) who[that] has　(2) playing

《 解説 》

① (1)修飾される名詞は人。

(2)修飾される名詞はもの。

(3) the pen と find の関係から，〈名詞＋過去分詞〉で「机の下で見つけられたペン」とする。

(4) a friend と study の関係から，〈名詞＋現在分詞〉で「ドイツ語を勉強している友だち」とする。

② (1)「青い目をした」→「青い目を持った」。修飾される名詞が人なので主格の関係代名詞 who [that]を使う。

ポイント　「～している…」の表し方
・〈名詞＋動詞の -ing 形＋語句〉
・〈動詞の -ing 形＋名詞〉

ポイント　「～された…」の表し方
・〈名詞＋動詞の過去分詞形＋語句〉
・〈動詞の過去分詞形＋名詞〉

p.92　《 文法のまとめ⑤ 》

① (1) would　(2) were　(3) were　(4) could

② (1) were, could　(2) I knew

③ (1) studied, could　(2) were[was]

《 解説 》

①　すべて仮定法。be 動詞・助動詞の過去形を選ぶ。

(2)(3) be 動詞は was の代わりに were をよく使う。

② (1)「病気なので泳ぎに行けない」→「病気でなければ，泳ぎに行けるのに」という文にする。

(2)「将棋の指し方を知らないのが残念だ」→「将棋の指し方を知っていればなあ」という文にする。

③ (2)「いる」は be 動詞で表す。仮定法なので were を使う。

p.93　━━ ステージ**1**

Ｗｏｒｄｓチェック　(1)～を設立する　(2)物　(3)～のながめ　(4) airport　(5) subway　(6) fare

❶ (1)ウ　(2)ア　(3)イ

❷ (1) How long, take　(2) takes, minutes

(3) How much

◀ 解説 ▶

❶ (1)空欄のあと，女性が「バスをおすすめします」と答えているので，クミは「どうやって行くのですか」と行き方をたずねている。

(2)空欄のあと，所要時間を答えているので，「〜するのにどのくらいかかりますか」という質問を選ぶ。

❷ (2)**ミス注意!**「15分」なので，複数形 minutes にする。

p.94 ステージ**1**

❶ (1) is held　(2) to　(3) festival for
(4) is eaten

❷ (1) The festival is called Bon Odori.
(2) On Sports Day, many sports events are held all over Japan.
(3) People throw beans at a person wearing an *Oni* mask.

◖ 解説 ◗

❶ (1)(4)受け身形〈be 動詞＋動詞の過去分詞形〉にする。
(1) hold「開催する」の過去分詞形は held。
(2)「見に」→「見るために」。目的を表す〈to＋動詞の原形〉を使う。
(4) eat の過去分詞形は eaten。

❷ (1) The festival を主語にして「その祭りは盆踊りと呼ばれている」という受け身の文にする。
(2)**ミス注意!**「スポーツの日には，日本中で多くのスポーツのイベントが開催されます」という意味の受け身の文にする。sports events は複数形のため，be 動詞が are となることに注意。
(3) a person と wear の関係から，〈名詞＋現在分詞〉で「鬼のお面をかぶっている人」とする。

p.95 ステージ**1**

Words チェック　(1)経済的な　(2) agree with
(3) worry about

❶ (1) think, agree with
(2) because, How about, be true

❷ (1) with　(2) so　(3) about

◖ 解説 ◗

❶ (1)「〜と思う」は think 〜。「〜に賛成する」は agree with 〜。
(2)「正しいかもしれない」は may be true。

❷ (2)「私もそう思う」は I think so, too. で，この so は日本語の「そう」と同じ意味。
(3)「〜で悩む」は worry about 〜。「私は英語の勉強の仕方で悩んでいます」

p.96〜97 ステージ**1**

Words チェック　(1)大きな声で　(2)卒業式
(3)入学式　(4) joy　(5) hug
(6) get angry with　(7) sent　(8) sang

❶ (1) practiced　(2) took　(3) won　(4) told

❷ (1)私のいちばんの思い出
(2)クラスメートのみんなといっしょに京都を訪れて

❸ (1) My best memory is the sports festival
(2) We practiced hard to win the game
(3) I was very surprised to hear the result

❹ (1) hugged each other　(2) angry with
(3) sang, loud　(4) with joy

❺ (1) I was happy to dance with my classmates.
(2) Our teacher told us to study hard.
(3) We helped each other to win first prize at the contest.

❻ (1) best　(2) held, September
(3) prepare　(4) prize(s), to

◖ 解説 ◗

❶ (1)規則動詞。-e で終わる動詞は d をつける。
(2)(3)(4)不規則動詞。
(4)「私たちの先生は，最善をつくすように私たちに言った」

❷ (2)感情の原因を表す〈to＋動詞の原形〉。「〜して」という意味になる。

❸ (2)「勝つために」は目的を表す〈to＋動詞の原形〉を使う。
(3)「聞いて」は感情の原因を表す〈to＋動詞の原形〉を使う。

❹ (1)「互いに」は each other。
(2)「〜に腹を立てる」は get angry with 〜。
(3)「歌う」sing は不規則変化動詞。過去形は sang。
(4)〈with＋抽象名詞〉は副詞になる。

❺ (1)感情の原因を表す〈to＋動詞の原形〉を使う。
(2)「人に〜するように言う」は〈tell＋人＋to＋動詞の原形〉。tell の過去形は told。
(3)目的を表す〈to＋動詞の原形〉を使う。

❻ (3)「〜に備えて」は prepare for 〜。
(4) not any のあとの名詞は単数形でも複数形でもよい。（一般的には，1つしかないものは not any＋単数形，いくつかあるものは not any＋複

数形となる。）

 ポイント 「ひとつも～ない」を表す文
・主語や目的語が〈no＋名詞〉の肯定文。
・目的語が〈any＋名詞〉の否定文。

p.98 　　**Try! READING**

Question ⑴あなたに話すことがあります。
⑵② There were 　④ during
⑶ wonder why it never moved
⑷ 1. No, it didn't.
　　2. 例 Because he painted the［another
　　　last］leaf.

Word Box BIG ⑴～を数える　⑵曲がり角
⑶吹く　⑷同時に　⑸～で死ぬ　⑹ぬれた
⑺ green 　⑻ wind 　⑼ low 　⑽ same

━━━━━━ 解説 ━━━━━━

Question ⑴〈something＋to＋動詞の原形〉は
「～する（べき）何か」。
⑵ミス注意! ② green and yellow paints は複数
形なので be 動詞は were にする。
⑶ミス注意! 間接疑問文。疑問詞 why のあとは
主語＋動詞の語順。never の位置にも注意。頻度
を表す副詞は一般動詞の前、be 動詞の後ろ。
⑷ 1.「バーマンがかいた葉は落ちましたか。」
the leaf painted by Mr. Behrman は、名詞 the
leaf を後ろから修飾している。
2.「バーマンのパレットにはなぜ緑と黄色の絵の
具があったのですか。」

p.99 　　**Try! READING**

Question ⑴ called 　⑵ not, at all
⑶③ At first 　⑤ began［started］to
⑷ it was impossible for him to fold
　origami
⑸ 1. He took a heavy backpack full of
　　origami paper.
　　2. He learned it by touching other
　　　people's works.

Word Box BIG ⑴いっぱいの　⑵～をこわがる
⑶～の終わりに　⑷簡単な
⑸～にもかかわらず　⑹ taught
⑺ impossible 　⑻ illness 　⑼ difficulty
⑽ age

━━━━━━ 解説 ━━━━━━

Question ⑴名詞 a man を後ろから修飾。a man
と call の関係から〈名詞＋過去分詞〉の形にする。

「～と呼ばれていた男性」。
⑵「まったく～ない」は not ～ at all。
⑶⑤ begin の過去形は bagan。started to も同じ
意味になる。
⑷〈It is ...（for＋人）to＋動詞の原形 ～.〉で「（人
が）～するのは…である」。
⑸ 1.「加瀬さんは世界を旅するときに何を持っ
ていきましたか」本文１～２行目参照。
2.「加瀬さんはどのようにして折り紙の折り方を
習いましたか」本文７～８行目参照。

ポイント 〈It is ...（for＋人）to＋動詞の原形 ～.〉の文
・「（人が）～するのは…である」
・It は to 以下のことを指す。

p.100～101 　**ステージ2**

❶ 🎧 **LISTENING** 　イ
❷ ⑴ talking 　⑵ visited 　⑶ playing
⑷ taken
❸ ⑴ had 　⑵ were 　⑶ could
❹ ⑴ living 　⑵ built 　⑶ were［was］, could
❺ ⑴ so, that 　⑵ is afraid of 　⑶ full of
❻ ⑴ I've often heard the word
⑵ wearing 　⑶ so cute［very pretty］
⑷地方自治体［市町村］, 企業［会社］
❼ ⑴ Soccer is a sport loved
⑵ the boy reading a book under that tree
⑶ If I didn't have a toothache
❽ ⑴例 The girl（who is）listening to music
　is Haruka.
⑵例 I wish I could drive a car.

━━━━━━ 解説 ━━━━━━

❶ 🎧 **LISTENING** 　「アキラは眼鏡をかけていて、青
いシャツを着ている少年です」
質問は「どれがアキラですか」。

🎵 **音声内容**
Akira is the boy wearing glasses and a blue shirt.
Question : Which one is Akira?

❷ 修飾される名詞が、⑴⑶は「～している」なの
で現在分詞形に、⑵⑷は「～される［された］」な
ので過去分詞形にする。
❸ すべて仮定法。⑴⑵は「もし～ならば…だろう」
の文。〈If＋主語＋動詞の過去形, 主語＋助動詞
の過去形（would［could］など）＋動詞の原形 ～〉で
表す。⑶は「～できればいいのに」の文。〈I

wish＋主語＋could＋動詞の原形 ～〉で表す。

(1) have の過去形 had を使う。「もしコンピューターを持っていれば，彼に E メールを送るのに」

(2)仮定法では，be 動詞は主語に関係なく were を使うことがある。「雨が降っていなければ，自転車でそこへ行くことができるのに」

(3) can の過去形 could を使う。「あなたのように英語を話せたらいいのに」

❹ (1)(2)現在分詞，過去分詞を使い 2 文を 1 文に。

(3)ミス注意❗ 仮定法の文にする。上の文との肯定，否定のちがいに注意する。「忙しくなければ，買い物に行くことができるのに。」

❺ (1)「とても～なので…」は〈so ～ that＋主語＋動詞〉で表す。

(2)「～をこわがる」は be afraid of ～。主語が She なので be 動詞は is を使う。

(3)「～でいっぱいだ」は be full of ～。

❻ (1)ミス注意❗ 現在完了形の文。頻度を表す副詞 often は一般動詞 heard の前に置く。

(2)修飾する名詞「ネコのマスコット」は「赤い兜をかぶっている」ので wear は –ing 形にする。

(4)本文 2～3 行目参照。

❼ (1)「世界中で愛されているスポーツ」は〈名詞＋動詞の過去分詞形〉で表す。

(2)「あの木の下で本を読んでいる少年」は〈名詞＋動詞の現在分詞形〉で表す。

(3)ミス注意❗ 仮定法なので，don't を過去形 didn't にする。

❽ (1)「音楽を聞いている女の子」は〈名詞＋動詞の現在分詞形〉で表す。

(2)現在の事実とはちがう願望を表す仮定法〈I wish＋主語＋could＋動詞の原形 ～〉を使う。

p.102～103 ■ステージ❸

❶ 🎧LISTENING (1)エ (2)イ (3)エ

❷ (1) decided to (2) agree with

(3) How long, take (4) It takes

❸ (1) painted by (2) working

(3) wish, knew

❹ (1) sent ボブは彼のお父さんから送られた手紙を読んでいます。

(2) riding 新しい自転車に乗っている少年はケンタです。

(3) had 十分なお金を持っていれば，大きな家を買うことができるのになあ。

❺ (1)あなたは今までにスープカレーを食べたことがありますか。

(2)② created ③ became

(3) local food, famous

❻ (1) These are pictures taken by my aunt in America

(2) The girl speaking English well lived in Canada

(3) I wish I could go on a trip with you

(4) If I had money, I could buy the video game

❼ (1)例 I bought two books written in English.

(2)例 The plane[airplane] (which is) flying over the mountain looked like a bird.

(3)例 If I were you, I wouldn't do such a thing.

━━━━━━━▶ 解説 ◀━━━━━━━

❶ 🎧LISTENING (1)A「鈴木先生と話している男の人を知っていますか」B「はい。彼は私たちの新しい数学の先生です」質問「彼らの新しい数学の先生はだれですか」エの「鈴木先生と話している男性」が正解。

(2)A「スマートフォンを持っていればなあ」B「それを持つべきです。役に立ちますよ」質問「女の子はスマートフォンを持っていますか」イの「いいえ，持っていません」が正解。

(3)A「すみません。美術館までどれくらいかかりますか」B「地下鉄で約 10 分かかります」A「料金はいくらですか」B「220 円です」質問「女性はどこへ行くところですか」エの「美術館へ」が正解。

🎵音声内容

(1) A : Do you know the man talking with Ms. Suzuki?

B : Yes.　He's our new math teacher.

Question : Who is their new math teacher?

(2) A : I wish I had a smartphone.

B : You should get one.　It's useful.

Question : Does the girl have a smartphone?

(3) A : Excuse me.　How long does it take to get to the art museum?

B : It takes about 10 minutes by subway.

A : How much is the fare?

B : It's 220 yen.

② (1)「〜する決心をする」は decide to 〜。

(3)(4)「(時間が)かかる」は take 〜。主語は it を使う。

③ (1)「サユリによってかかれた絵」とする。

(2)「この病院で働いている医師たち」とする。

(3)願望を表す仮定法を使う。know の過去形は knew。「この植物は英語で何と呼ばれているか知っていればなあ」という意味。

④ (1) a letter と send の関係から,〈名詞＋過去分詞形〉で「彼のお父さんから送られた手紙」とする。send の過去分詞形は sent。

(2) the boy と ride の関係から,〈名詞＋現在分詞形〉で「新しい自転車に乗っている少年」とする。

(3)仮定法の文。have の過去形は had。

⑤ (1)経験を表す現在完了形の疑問文。

(2)② be 動詞 was があることや,「作り出された」という意味になることから,受け身の文にする。

③過去形にする。become の過去形は became。

(3)本文 1〜3 行目参照。

⑥ (1) pictures を〈過去分詞形 〜〉で後ろから修飾。

(2) the girl を〈現在分詞形 〜〉で後ろから修飾。

(3)現在の事実とはちがう願望を表す仮定法〈I wish＋主語＋could＋動詞の原形 〜〉の文。

⑦ (1) write は books を修飾する過去分詞形にする。

(2) fly は plane を修飾する現在分詞形に。「〜のように見える」は look like 〜。

(3)〈If＋主語＋動詞の過去形〜, 主語＋助動詞の過去形＋動詞の原形…〉「もし〜ならば…だろう」の文にする。「そんな」は such。

定期テスト対策 得点アップ! 予想問題

p.114~115 第1回 Unit 1

1 🎧LISTENING (1)ウ (2)エ

2 (1) able to (2) searching[looking] for
(3) Everything, looked (4) help yourself

3 (1) They have come to Japan before.
(2) Has Jim ever been to Shikoku?
(3) Has he washed his hands yet?
(4) Yumi hasn't[has not] cleaned her room yet.

4 (1)あなたは今までに食料品のハラール・マークを見たことがありますか。
(2)② means ④ If (3) it, to find
(4) a food product (5) marks, increasing

5 (1) I have never had any pets at home.
(2) Have you had[eaten] breakfast yet?
(3) He hasn't finished[done] his math homework yet.[He has not finished math homework yet.]

6 (1)例 Have you ever climbed Mt. Fuji?
(2)例 Would you like something to drink?

━━━ 解説 ━━━

1 🎧LISTENING Would you like ~? と How about ~? は, どちらも「～はいかがですか」という意味。

♪音声内容
A : This cake is delicious, Kate. I really like it.
B : Thank you, Ken. (Would you like some more?)
A : No, thank you. I've had enough.
B : Then, how about a cup of coffee?
A : No. I don't drink coffee.
B : Well, how about some milk, then?
A : (I'd like it. Thank you.)
B : All right. Just a moment.

2 (1)「～することができる」は〈can＋動詞の原形〉の他に, 〈be able to＋動詞の原形〉でも表せる。
(2)「～をさがす」は search for ~。look for ~ でもよい。
(3)「～に見える」は look ~。ここでは過去形 looked。
(4)「自由に取って食べる」は help yourself。

3 (1)ミス注意! 〈経験〉を表す現在完了形の文にする。come の過去分詞は come であることに注意。
(2)ミス注意! ever は現在完了形の疑問文では〈経験〉を表し, 動詞の前に入れる。「～へ行ったことがある」は, 動詞 go ではなく be 動詞の過去分詞 been を使い have[has] been to ~ で表す。
(3)ミス注意! 「彼はもう手を洗いましたか」〈完了〉を表す現在完了形の疑問文で「もう」は yet を使い, 文末に置く。肯定文で「もう」は already を使う。
(4)〈完了〉を表す現在完了形の否定文は「まだ～していません」の意味。「まだ」は否定文では yet を使い, 文末に置く。

4 (1)〈経験〉を表す現在完了形の疑問文。these marks は 4 行目にある halal marks を指す。
(2)②主語が三人称単数であるため, 語末に s をつけて means とする。
(3)〈It is ... to＋動詞の原形～〉で「～するのは…である」を表す。

5 (1)「一度も～したことがない」は〈have[has] never＋過去分詞形 ～〉で表す。
(2)〈完了〉を表す現在完了形の疑問文を使う。yet は文末に置く。
(3)ミス注意! 〈完了〉を表す現在完了形の否定文を使う。yet は文末に置く。7 語と指示されているので, has not の短縮形 hasn't を使う。

6 (1)〈経験〉を表す現在完了形の疑問文を使う。
(2)食べ物などをすすめる「～はいかがですか」は Would you like ~? や How about ~? などがある。「何か～する(ための)もの」は〈something＋to＋動詞の原形〉。

p.116~117 第2回 Unit 2

1 🎧LISTENING (1)イ (2)イ (3)ウ

2 (1) was born (2) has not (3) wait for
(4) have, sore

3 (1) since (2) for (3) since (4) long

4 (1) Have you ever seen
(2) Is there any way to save them?
(3) using (4) from, to (5)ひかれない, 道路

5 (1)例 Rika has lived with her grandmother since she was five (years old).

(2)例 **It has rained[has been raining] for one[an] hour.**

(3)例 **How long have you stayed[been staying] in Osaka?**

6 (1)例 **How long have you learned[studied] [been learning[studying]] English?**

(2)例 **I don't have a fever, but I have a headache.**

▶◀ 解 説 ◀

1 🎧 LISTENING すべて現在完了形の文が使われている。(1)は〈経験〉，(2)(3)は〈継続〉を表す。

> ♪音声内容
> (1)A : Have you ever visited New York?
>   B : No, but I've visited London.
> (2)A : Is that your camera?
>   B : Yes, it is. I've used this for ten years.
> (3)A : How long have you been staying at this hotel?
>   B : For three days.

2 (1)「生まれる」は be born。be 動詞は主語，時制に合わせて，ここでは was にする。

(2)「～について聞いたことがない」は have[has] not heard about ～。

(3)「～を待つ」は wait for ～。

(4)体調を表す表現には have がよく使われる。「痛い～」は sore ～。「痛いのどを持っている」→「のどが痛い」となる。

3 (1)〈継続〉を表す現在完了形の文では〈for＋期間〉「～の間」，〈since＋起点を表す語句〉「～以来」がよく使われる。last month は起点を表す語句。

(2)〈継続〉を表す現在完了形の文。a week は期間を表す語句。

(3)**ミス注意!** 「～以来」は〈since＋主語＋動詞〉で表すこともできる。この since は前置詞ではなく接続詞。

(4)〈期間〉をたずねるときは，How long ～? で始める。

4 (1)〈経験〉を表す現在完了形の疑問文。see の過去分詞形は seen。

(2)There is[are] ～. 「～がある」の疑問文は Is [Are] there ～? の語順。

〈名詞＋to＋動詞の原形 ～〉で「～する（ための）…」を表す。way to save them で「彼らを救う方法」という意味。

(3)〈have been＋動詞の -ing 形 ～〉で現在完了進行形「ずっと～している」を表す。-e で終わる動詞は e を取って ing をつける。

(4) from A to B は「A から B まで」。

(5)本文 3 行目にある over the road は「道路の上」という意味。

5 (1)**ミス注意!** 「5 歳のときからずっと」は〈since＋主語＋動詞〉で表す。

(2)〈継続〉を表す現在完了形の文を使う。rain「雨が降る」は動作を表す動詞のため，現在完了進行形〈have[has] been＋動詞の -ing 形〉を使って動作の継続を強調してもよい。

(3)「どのくらい～しているか」と〈期間〉をたずねるときは，How long ～? で始め，〈継続〉を表す現在完了形の疑問文を置く。stay「滞在する」は動作を表す動詞のため，現在完了進行形の文でもよい。

6 (1)〈期間〉をたずねる現在完了形の疑問文。learn「学ぶ」は動作を表す動詞のため，現在完了進行形の文でもよい。

(2)動詞 have を使う。a fever「熱」，a headache「頭痛」のように，名詞の前に a をつける。

p.118～119 ◀ 第3回 Unit 3 ▶

1 🎧 LISTENING (1)D (2)イ

2 (1)never forget (2)looking forward

(3)pair of (4)kept reading

3 (1)Show me how to use this camera.

(2)Mike told me why he was late.

(3)Do you know where to go?

(4)I know who she is.

4 (1)ウ (2)1945 年 8 月 6 日に広島で原爆を経験したこと。

(3)③ The moment ④ one after another

(4)what she should

5 (1)例 My mother told me what to buy at the supermarket.

(2)例 Could you tell me how to get to Tokyo Tower?

(3)例 The boy didn't know when he should open the present.

6 (1)例 Which[What] place do you like the best?

(2)例 At Hakata Station, change to the Kuko Line.[Change to the Kuko Line at

28

Hakata Station.]

▶ 解説 ◀

1 🎧LISTENING Question 1「彼らは今どこにいますか」Bの「この電車に乗って次の駅で降りてください。それから，北町行きの中央線に乗ってください」という発言から判断する。

Question 2「図書館はどこですか」Bの案内「5つ目の駅で再び乗りかえなければなりません。そこで山手線に乗って3つ目の駅で降りてください。図書館は駅の近くです」から判断すると，イになる。

♪音声内容
A: Could you tell me how to get to the library?
B: Sure. First, take this train and get off at the next station. Then, take the Chuo Line train for Kitamachi.
A: Should I get off at Kitamachi?
B: No. You have to change again at the fifth stop. Then, take the Yamate Line, and get off at the third stop. The library is near the station.
A: I see. Thank you very much.
B: You're welcome.
(1): Where are they now?
(2): Where is the library?

2 (1)「決して～ない」は never。
(2)「～を楽しみにしている」は look forward to ～。We're(=We are)となっているため，現在進行形の文〈be 動詞＋動詞の ing 形〉。looking にする。
(3)「1 組の～」は a pair of ～。手袋，くつ，めがね，ズボンのように対になっているものは a pair of ～, two pairs of ～となる。
(4)ミス注意！「～し続ける」は keep -ing。動詞を -ing 形にすることに注意。

3 (1)「このカメラの使い方」は〈疑問詞＋to＋動詞の原形〉で表す。how to use ～「～をどのように使えばよいか」→「～の使い方」。
(2)「(彼が)なぜ遅れたのか」は why he was late で表す。
(3)「どこへ行けばよいか」は〈疑問詞＋to＋動詞の原形〉で表す。
(4)間接疑問文は〈疑問詞＋主語＋動詞 ～〉の語順。「彼女がだれか」は who she is で表す。

4 (1)has があることから，現在完了形の文〈has＋動詞の過去分詞形〉にする。

(2)岡田さんが語り続けている「1945 年 8 月 6 日の経験」とは，広島での原爆体験のこと。
(4)〈疑問詞＋to＋動詞の原形〉を〈疑問詞＋主語＋(助)動詞〉の間接疑問文で表す。

5 (1)told は tell の過去形。〈tell＋人＋疑問詞＋to＋動詞の原形〉の形を使う。
(2)「～までの行き方」は how to get to ～，「～してくださいますか」は Could you ～?。
(3)should を使うので「いつ開けるべきなのか」は間接疑問文で表す。

6 (1)「～がいちばん好きです」は like ～ the best。
(2)「～に乗りかえる」は change to ～。

p.120～121 第**4**回 Unit 4

1 🎧LISTENING (1)ア (2)ウ (3)イ
2 (1)made everyone (2)allowed to
(3)wakes, up (4)proud of
3 (1)I want you to know this.
(2)Your e-mail made me happy.
(3)We helped him wash the dishes.
(4)I asked her to water the flowers.
4 (1)足または杖で点字ブロックに触れる。
(2)① One day ② dangerous for
(3)finding
(4)He wanted them to walk safely.
5 (1)例 He sometimes helps his grandfather grow vegetables.
(2)例 We want children all over the world [around the world] to be happy.
(3)例 The movie made me sad.
6 例 I want my mother to make *sukiyaki* for dinner.

▶ 解説 ◀

1 🎧LISTENING (1)「お名前をおうかがいしてもいいですか」丁寧に名前をたずねる表現。May I ～? は「～してもいいですか」。
(2)不在なのは父なので，ウの Sorry, he is out.「すみません，彼は外出しています」が正解。
(3)「折り返し電話するように彼女に伝えていただけますか」Will you ～? は「～してくれませんか」。アの Can I ～? は「～してもいいですか」。ウは「あとで折り返し電話するように私が彼女に頼みます」という意味。

音声内容

(1) ア　May I have your name, please?
　　イ　What did you say?
　　ウ　I don't know your name.
(2) ア　I'm not here.
　　イ　I can't speak now.
　　ウ　Sorry, he is out.
(3) ア　Can I ask her to call me again?
　　イ　Will you tell her to call me again?
　　ウ　I'll ask her to call me later.

[2] (1)「～を幸せにする」は make ～ happy。
(2)「～が…するのを許可する」は allow ～ to …。ここでは受け身の文なので allow を過去分詞形 allowed にする。
(3)「～を起こす」は wake ～ up。His mother は三人称単数なので wakes にする。
(4)「～をほこりに思う」は be proud of ～。

[3] (1)「人に～してほしい」は〈want＋人＋to＋動詞の原形 ～〉の語順。
(2)**ミス注意！**〈make＋A＋B〉「A を B にする」の語順。主語は your e-mail。
(3)「人が～するのを手伝う」は〈help＋人＋動詞の原形〉の語順。
(4)「～するように人に頼む」は〈ask＋人＋to＋動詞の原形〉で表す。water はここでは動詞「～に水をやる」。

[4] (1)本文 2 行目参照。
(3)〈start to＋動詞の原形〉は〈start＋動詞の -ing 形〉で表すこともできる。
(4)「なぜ三宅さんは目の不自由な人を助ける方法をさがし始めたのですか。」という質問。下線部③の直前の文に理由が書かれている。

[5] (1)**ミス注意！**「人が～するのを手伝う」は〈help＋人＋動詞の原形〉で表す。主語が he なので動詞に三人称単数現在の s をつける。頻度を表す副詞 sometimes「ときどき」は一般動詞の前に置く。
(2)「人に～してほしい」は〈want＋人＋to＋動詞の原形 ～〉で表す。
(3)主語は the movie。〈make＋A＋B〉「A を B にする」の形の文にする。

[6] 質問は「あなたはあなたの誕生日にお父さん、あるいはお母さんに何をしてほしいですか」。「人に～してほしい」は〈want＋人＋to＋動詞の原形 ～〉。I want my father[mother]のあとに、し

てほしいことを〈to＋動詞の原形〉の形で続ける。

p.122～123　第5回　Unit 5

[1] **LISTENING** (1)ウ　(2)ア　(3)イ　(4)オ　(5)エ
[2] (1)looked around　(2)changed greatly
(3)for, first time
[3] (1)The glass which he sent was broken.
(2)Be a person who is kind to others.
(3)This is the book which made her sad.
[4] (1)① was held　② such as
(2)who　(3)didn't, any
(4)1. ×　2. ×　3. ○
[5] (1)例 The scientist who got[received, won] the Nobel Prize is known to people all over the world[around the world].
(2)例 This is a song which makes me happy.
(3)例 The bag I saw there is Ken's.
[6] (1)例 How was the history exam[test]?
(2)例 This is a picture[photo] (which [that]) I took in Kyoto.

▶ 解説 ◀

[1] **LISTENING** すべて関係代名詞を使った文。先行詞と，関係代名詞に続く説明を注意して聞き取ろう。

音声内容

(1) This is a person who works at a hospital.
(2) This is an animal that has long arms.
(3) This is something that we can see in spring.
(4) This is a country which is famous for its koalas.
(5) This is something which we use when we play tennis.

[2] (1)「見渡す」は look around。
(2)現在完了形の文なので，change を過去分詞形にする。「大きく，おおいに」は greatly。
(3)「初めて」は for the first time。
[3] (1)the glass を先行詞にして〈関係代名詞＋主語＋動詞〉を続け主語とする。
(2)「～になりなさい」という命令文なので，be 動詞の原形 be で文を始める。a person を先行詞にして〈関係代名詞＋動詞～〉を続ける。
(3)「彼女を悲しませた」は「彼女を悲しくさせた」と表し，which のあとに続ける。
[4] (1)①受け身の文。過去時制なので，be 動詞は was にする。

② 「～のような」は such as ～。具体例を挙げる
ときに使う。

(2)先行詞が人で主格なので，関係代名詞は who。

(3)主語または目的語が〈no＋名詞〉の肯定文，目
的語が〈any＋名詞〉の否定文は，どちらも「ひと
つも～ない」を表す。(〈no＋名詞〉のほうが否定
の意味が強い。)

(4)1「女性も 1896 年のオリンピックに参加した」
→本文 2 行目に男性のスポーツ選手のみ参加し
たと書かれている。

2「第 1 回近代オリンピックにはギリシャからの
スポーツ選手のみ参加した」→本文 2 行目に 14
か国からの選手が参加したとある。

3「1 位と 2 位の勝者はメダルを受けとった」
→ 3～5 行目参照。

⑤ (1)The scientist を先行詞にして〈who＋動詞
～〉を続け主語とする。「～に知られている」は
be known to ～。「世界中の」は all over the
world または around the world。got は received
[won]としてもよい。

(2)**ミス注意！** 「私を幸せにしてくれる」は〈make
＋人＋形容詞〉「人を～(の状態)にする」を使い，
which のあとに続ける。先行詞 a song は三人称
単数なので，動詞に s をつけて makes となるこ
とに注意。

(3)**ミス注意！** 修飾される名詞がもので目的格の
関係代名詞は which[that]だが，7 語と指示され
ているので省略する。目的格の関係代名詞は省略
できる。

⑥ (1)「～はどうでしたか」と感想をたずねる表現
は How was ～?。「試験」exam は test でもよい。

(2)a picture[photo]を先行詞にして〈関係代名詞
＋主語＋動詞〉を続ける。この関係代名詞は目的
格なので省略できる。

p.124～125 第❻回 Unit 6

① **⓵LISTENING** (1)ウ (2)イ (3)ア

② (1)**who designed** (2)**nearby, subway**
(3)**angry with** (4)**so, that**

③ (1)**Do you know the girl going out of the
library?**

(2)**I like the watch given by my father for
my birthday.**

(3)**If it were[was] not cold, we could climb
the mountain.**

(4)**I wish I had a pet.**

④ (1)**to** (2)**but also keeps them active**
(3)**病気になる時間** (4)**wouldn't be**
(5)**PCs, tablets**

⑤ (1)**例 I asked the man (who is) standing
in front of the tower.**

(2)**例 Who is the woman (that is) looking
at the picture(s) on the wall?**

(3)**例 I wish I could run faster.**

(4)**例 If I were you, I would buy the
dictionary.**

⑥ **例 I wish I could move to Hokkaido
because I like snow and skiing.**

▶ **解説** ◀

① **⓵LISTENING** (2)How long does it take to get
to ～? で「～に着くのにどのくらい時間がかか
りますか」という意味。

♪ 音声内容

(1) ア Can I ask you why you are going to the
station?
イ Are you on the way to the station?
ウ How can I get to the station?

(2) ア What time will you get to the zoo?
イ How long does it take to get to the zoo?
ウ When will you go to the zoo?

(3) ア How much is the fare to the airport?
イ How far is it from here to the airport?
ウ Should I change trains to get to the
airport?

② (1)「だれが～をデザインした」は間接疑問文〈疑
問詞＋動詞〉で表す。

(2)「近くの～」は nearby ～。

(3)「(人)に腹を立てる」は get angry with (人)。

(4)「とても～なので…」は so ～ that …。that
のあとは〈主語＋動詞〉。

③ (1)the girl を〈現在分詞＋語句〉で後ろから修飾。

(2)the watch を〈過去分詞＋語句〉で後ろから修飾。

(3)仮定法〈If＋主語＋動詞の過去形…，主語＋助動
詞の過去形(would[could]など)＋動詞の原形～〉
で表す。「もし…ならば，～だろう」の文。

(4)現在の事実とはちがう願望を表す仮定法〈I
wish＋主語＋動詞の過去形 ～〉を使う。「～であ
ればいいのに」の文。

④ (1)〈疑問詞＋主語＋(助)動詞〉を〈疑問詞＋to＋
動詞の原形〉の形で表す。

(2)〈not only 〜 but also …〉「〜だけでなく…」，〈keep＋人・もの＋形容詞〉「人・ものを〜（の状態）にしておく」

(3)最後の文を参照。get sick は「病気になる」。

(4)仮定法の文。would not の短縮形 wouldn't を使う。動詞はここでは be 動詞。

(5)質問は「高齢者は仕事に何を使いますか」。最初の文を参照。

⑤ (1)「立っている〜」は〈名詞＋現在分詞形…〉で表す。「〜の正面に」in front of 〜

(2)「見ている〜」は〈名詞＋現在分詞形…〉で表す。

(3) ミス注意！ 願望を表す仮定法〈I wish＋主語＋（助）動詞の過去形〜〉を使う。助動詞 can は過去形 could となることに注意。

(4) ミス注意！ 「私があなたなら」は現在の事実とは異なるので，仮定法を使って表す。〈If＋主語＋動詞の過去形…，主語＋助動詞の過去形（would［could］など）＋動詞の原形 〜〉の文。
仮定法では，be 動詞は主語に関係なく were を使うことが多い。助動詞 will は過去形 would となることに注意。

⑥ 〈I wish＋主語＋could＋動詞の原形〉「〜できればいいのに」を使って書くとよい。

p.126〜128 第7回 Let's Read 1 〜 2

① 🔊LISTENING (1)イ (2)ウ (3)ア (4)ウ

② (1)same time (2)wind, blowing
(3)full of (4)took out

③ (1)heard (2)fallen (3)called
(4)using

④ (1)It's, to (2)will be (3)asked, to
(4)who are

⑤ (1)How long has she lived in Japan?
(2)The news made me excited.
(3)The movie (which［that］) I saw with Mike last week was very interesting.
(4)Is the boy sitting on the bench your brother?

⑥ (1)Her grandfather died of illness.
(2)The woman couldn't understand Japanese at all.
(3)It is right to want to help others.

⑦ (1)① In spite of ④ at the age of
(2)イ
(3)もし私に会いたいと思う子どもがいれば

(4)先生や福祉施設のスタッフになった，加瀬さんの生徒
(5)To meet

⑧ (1)例 I have something to show you.
(2)例 Didn't you close the window(s)?
(3)例 She taught me how to play the piano ［how to play the piano to me］.
(4)例 He is interested in studying abroad.

⑨ 例 I want to talk with people around the world.

解説

① 🔊LISTENING 動詞に注意して以下の内容をしっかり聞き取ろう。
(1)マコトはキッチンで皿を洗っている。
(3)その店は果物を売っているが野菜は売っていない。
(4)この博物館は 100 年前に有名なアーティストが建てたもの。

🎵**音声内容**
(1)A : Who is Makoto?
　B : He's the boy washing the dishes in the kitchen.
(2)A : Is the book written in English?
　B : Yes, it is. A foreign writer wrote it.
(3)A : What kind of shop is this?
　B : This is a shop that sells fruits, but not vegetables.
(4)A : Who built this museum?
　B : It was built by a famous artist a hundred years ago.

② (1)「同時に」は at the same time。same は「同じ〜」という意味。
(2)「吹く」は blow。現在進行形の文なので，-ing 形にする。
(3)「〜でいっぱいの」は full of 〜。
(4)「取り出す」は take out。take はここでは過去形にする。

③ (1)現在完了形の文なので，hear は過去分詞形にする。ここでは〈経験〉を表す現在完了形の文。hear of 〜は「〜のことを聞く」。
(2)現在完了形の文なので，fall は過去分詞形にする。ここでは〈完了〉を表す現在完了形の文。
(3) ミス注意！ 名詞 a dog と直後の Max の関係から「マックスと呼ばれているイヌ」とする。〈名詞＋過去分詞形…〉で表す。

(4) by は前置詞。前置詞のあとは名詞のみなので use は動名詞形（ing 形）にする。語末が e で終わる動詞は e をとって ing をつける。

4 (1)動名詞が主語の「1 位になることは〜」を〈to ＋動詞の原形〉を使い，〈It is 〜 to …〉の文にあてはめる。

(2) ミス注意！ 受け身の文にする。「彼らはその話を伝えていくだろう」→「その話は彼らによって伝えられていくだろう」助動詞 will があるので未来形の文。will のあとに受け身〈be ＋動詞の過去分詞形〉を続ける。

(3) said のあとが依頼なので，依頼の意味を含む〈ask ＋人＋ to ＋動詞の原形〉「人に〜するように頼む」で表す。

(4) ミス注意！ 「むこうでキャッチボールをしている少年たち」を〈名詞＋関係代名詞＋動詞〜〉で表す。先行詞が複数形なので，be 動詞は are となることに注意。

5 (1)〈期間〉をたずねるときは How long 〜? で始める。

(2)「私はその知らせを聞いてわくわくした」→「その知らせは私をわくわくさせた」。〈make ＋人[ものごと]＋形容詞〉「人[ものごと]を〜にする」で表す。

(3)あとの文の it は前の文の主語 The movie を指すので，The movie を〈主語＋動詞〉が後ろから修飾する形にする。

(4) ミス注意！ 現在分詞や過去分詞が単独で名詞を修飾するときは名詞の前に置くが，ほかの語句を伴うときは名詞を後ろから修飾する。

6 (1)「〜（が原因）で死ぬ」は die of 〜。

(2)「まったく〜ない」は not 〜 at all。at all は最後に置く。

(3)〈It is … to 〜〉「〜するのは…である」の文。to のあとに want to ＋動詞の原形「〜したい」が続く。

7 (1)①「〜にもかかわらず」は in spite of 〜。

④「〜歳のときに」は at the age of 〜。age は「年齢」の意味。

(2)〈forget to ＋動詞の原形〉で「〜することを忘れる」。

(3)名詞 a child を〈関係代名詞＋動詞〜〉で説明。

(4)本文 6〜8 行目参照。

(5)質問は「なぜ加瀬さんは世界中を旅し続けたのですか」。本文 3〜4 行目参照。この〈to ＋動詞の原形〉は目的を表す不定詞（副詞的用法）で，「〜するために」を意味する。

8 (1)「見せるべきもの」は〈something ＋ to ＋動詞の原形（不定詞の形容詞的用法）〉で表す。

(2)「〜しなかったのか」は否定疑問文 Didn't 〜? で表す。

(3) ミス注意！ 「人にものを教える」は〈teach ＋人＋もの〉の語順。または〈teach ＋もの＋ to ＋人〉。「ピアノの弾き方」は〈how to ＋動詞の原形〉「どのように〜すべきか[〜のやり方]」で表す。

(4)「〜に興味がある」は be interested in 〜。「留学する」は study abroad。in は前置詞。前置詞のあとは名詞のみなので study は動名詞形（ing 形）にする。

9 want to 〜や It is 〜 to ＋動詞の原形，仮定法など，これまでに習った文法を使って意見を述べる。